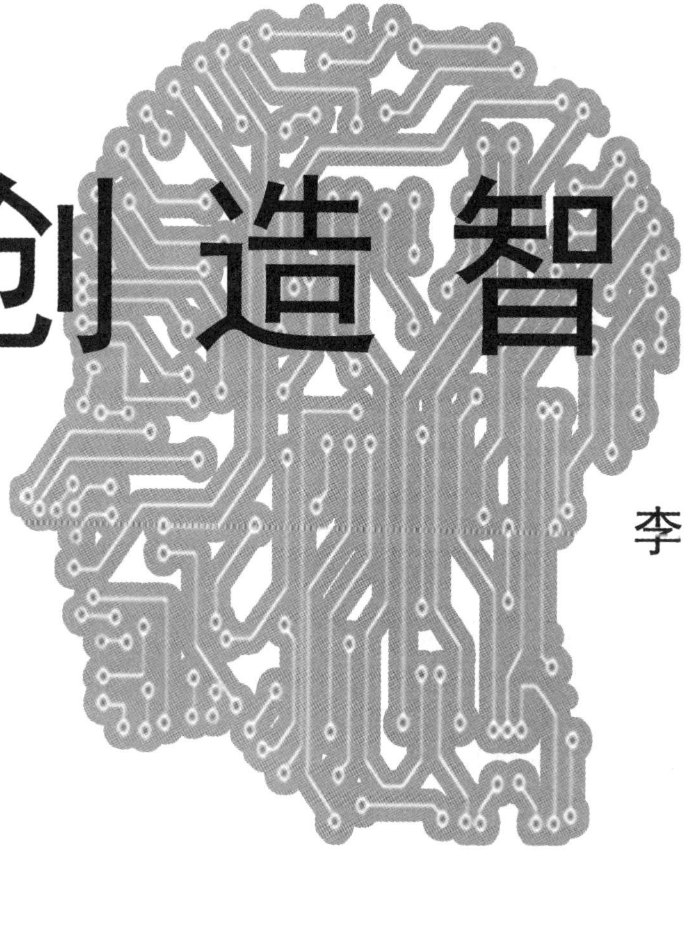

创造智能

李乔 著

沈阳出版发行集团
沈 阳 出 版 社

图书在版编目（CIP）数据

创造智能 / 李乔著 .-- 沈阳 ：沈阳出版社，
2018.2
ISBN 978-7-5441-6806-9

Ⅰ . ①创… Ⅱ . ①李… Ⅲ . ①生物物理学 - 研究
Ⅳ . ① Q6

中国版本图书馆 CIP 数据核字 (2018) 第 031447 号

出版发行：沈阳出版发行集团|沈阳出版社
（地址：沈阳市沈河区南翰林路10号 邮编：110011）
网 址：http://www.sycbs.com
印 刷：沈阳市池陆广告印刷有限公司
幅面尺寸：170mm × 240mm
印 张：7
字 数：100千字
出版时间：2018年2月第1版
印刷时间：2018年2月第1次印刷
责任编辑：陈耀斌
装帧设计：邓小宾
责任校对：张 畅
责任监印：杨 旭

书 号：ISBN 978-7-5441-6806-9
定 价：35.00元

联系电话：024-24112447
E - mail：sy24112447@163.com

前　言

给智能下定义的最好方法就是创造出像人一样的通用型智能 (AGI)。关于如何实现这个目标，作者构思了两年左右的时间。随着想法的逐渐成熟，作者在天使投资人的帮助下于 2016 年在新加坡创建了一家科技公司，希望借助团队的力量把一些想法付诸于实践。按照构想，我们的技术团队在虚拟环境中创建了一个叫利奥（LEO）的小男孩。利奥的初始状态如婴儿一样一无所知，他没有加载任何先天性的知识，也没有被设置“if…then…”的行为规则，经过从零开始的无监督学习，如今的利奥已经掌握了诸如觅食和避险等生存技能，并学会了运用自然语言与虚拟“父母”进行符合生活语境的简单交流。利奥的设计在很多方面都有别于传统的人工智能，本书在很大程度上就是关于利奥的设计原理说明书。为了避免本书被误解为科幻类作品，作者决定从利奥项目延伸出的部分物理应用讲起。参考这些物理应用，我们的新加坡公司已申请了一系列的发明专利。

目　录

第一章
空间的信息识别

1.1 动态的视觉系统

在睁开眼睛看世界的时候，如何识别空间对利奥来说是个难题。如果你是一名软件工程师，你或许可以迅速给出几种解决办法，但核心都离不开对空间坐标的设置。而对于利奥，任何知识的预先设置都是无效的，知识都只能通过后天习得，空间的认知也是如此。为什么预先设置知识对于利奥是无效的？这个问题将在后面的章节中予以解答。

鉴于利奥在设计上是以人为蓝本的，如果某些设计方案在利奥身上行不通，那么很可能人类自身就不是那个样子。这使作者联想到：人对于空间的理解也许不是与生俱来的，即空间的概念是后天形成的。这个想法随后得到了一组小实验的印证，通过实验我们发现：人类识别空间的两大工具，视觉系统和触觉系统，实际上采用了相似的技术手段去识别空间，即动态的信息处理方法。可以粗略地说，空间关系是大脑在后天建立起的视觉信号或触觉信号的时间序列。

视觉系统感受空间的能力最强，人们也最为熟悉，但对视觉的习以为常导致人们容易忽略细节，所以实验先从触觉入手。

第一个实验如下：先让你的同伴用手随意触碰你后背上两点，这两点最好别离得太近，然后你判断一下两个触碰点之间的空间关系。再让你的同伴用手从一个点出发，沿着背部摸到另一个点，你再判断一下这两个点之间的空间关系。虽然两次体验的差别用语言不好描述，但你会感觉到，第二次体验比第一次体验更容易让你理解两个点的空间关系。

接下来我们再做一个实验。蒙着双眼的你被同伴带进一个陌生的房间，同伴在墙上随意选两个位置各贴一个粘贴，比如一个米老鼠，一个唐老鸭。然后同伴牵着你的手先触碰一下米老鼠，接着领你出门转悠一会儿，回来后再牵着你的手触碰一下唐老鸭。这时请你说出米老鼠和唐老鸭的空间关系。还是同一个场景，这次同伴牵着你的手从米老鼠的位置出发，贴着墙面一直摸到唐老鸭的位置，然后请你判断一下米老鼠和唐老鸭的空间关系。在首次体验中，你的两次触碰在时间上可以被认为是相互独立的，因此米老鼠和唐老鸭的空间关系你应该难于掌握。而在后一次体验中一组触觉信号的时间序列被引入，用以描述两个粘贴（米老鼠和唐老鸭）的位置关系，效果会明显优于前次体验。

上述两个实验表明，通过触觉系统识别空间需要依赖动态的信息采样。如果触觉是这样，那么视觉呢？答案依然是肯定的。但这似乎和人们的直觉不符，想象一下当你置身瑞士阿尔卑斯山顶远眺大自然的美景，时间仿佛静止了，眼前的一切犹如图画一般，你丝毫觉察不到源自于视觉的空间感知和动态的信息采样之间有什么联系。

为了搞清疑问，我们需要简单的了解一下眼睛的构造及其成像原理，见图 1.1。人的眼睛就像一台小型照相机，角膜相当于镜头，瞳孔相当于光圈，

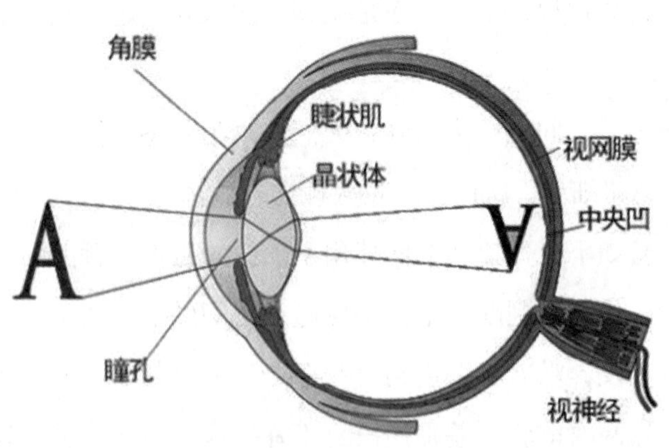

图 1.1 人的眼睛结构

晶状体相当于可变焦的凸透镜，视网膜相当于底片。视网膜中央凹区域的感光细胞最为丰富，当感光细胞受到光的刺激后，经过一系列的物理化学变化产生了电信号，视神经就像电线一样把电信号送至大脑皮层的视觉中枢，进而使人产生视觉。

接下来我们以二维空间的认知为例，研究视觉系统如何识别空间。假设你对面的墙上有一幅画，画面里有一个米老鼠和一个唐老鸭，见图 1.2。通过眼睛的结构可知，这幅画成像在你的视网膜上仿佛一张倒映的照片。视网膜上有一群感光细胞感受到了米老鼠，而另一群感受到了唐老鸭。为了方便说明我们把问题模型化，假设米老鼠和唐老鸭都各自小到一个像素点，米老鼠刚好被感光细胞 A 所感受，而唐老鸭的影像刚好映射在感光细胞 B 上。那么细胞 A 与细胞 B 在视网膜上的二维空间关系就反应了画中的米老鼠和唐老鸭的二维空间关系。但是大脑是如何知道细胞 A 与细胞 B 的二维空间关系的呢？你可能会想，感光细胞 A 通过一条特定的“导线”连接着大脑视觉皮层的某个神经细胞 a，感光细胞 B 通过另一条“导线”连着神经细胞 b，而神经细胞 a 与神经细胞 b 恰好是大脑先天用来表达特定空间关系的神经细胞。如果是这样的话，大脑要想始终准确地识别空间关系，除了要满足诸多的苛刻条件外，还需要视觉神经细胞的连接格局在人的一生中都保持不变，这和医学观察结

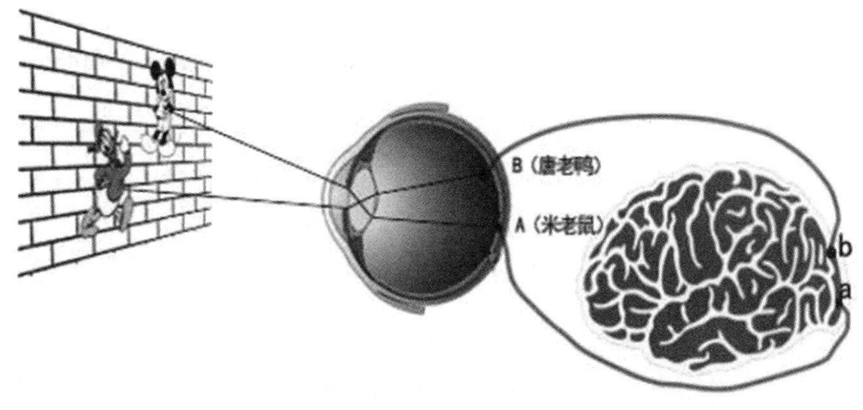

图 1.2 人眼识别二维空间

果是相悖的。事实上，人大脑皮层中神经细胞的可塑性非常强。医学研究表明，后天失明的患者在失明之后，原先视觉皮层的神经细胞会发生跨感觉通道的重组，而被用于听觉和触觉等其他方面的感知。

让我们换个角度去思考：眼睛的感光细胞向大脑传输电信号，皮肤的感压细胞也向大脑传输电信号，视觉信号和触觉信号对于大脑而言有本质区别吗？回到刚才的情景，感光细胞 A 感受到了米老鼠的影像，感光细胞 B 感受到了唐老鸭的影像。如果你把视觉的感光细胞 A 想象成触觉的感压细胞或干脆想象成一只小手，那么这只小手只要仿照之前的触觉实验那样，从米老鼠的影像处贴着成像一直摸到唐老鸭的影像处就可以了。

但是我们知道感光细胞是不动的啊！哦，作者来告诉你，映在视网膜上的影像是可以移动的。人在睁眼看世界的时候眼球每时每刻都在运动，其中一种运动方式被称为生理性眼颤，即眼球做近似的上下方向及左右方向的规律性颤动。研究表明：眼颤的幅度低，频率高。眼颤的幅度约为 20 秒度 ~ 40 秒度，大约相当于视网膜上一个椎体感光细胞的直径范围，频率约为 90 赫兹。

关于眼颤对于视觉感知的意义，目前学术领域尚没有清楚的论述。作者的解释是：人的视网膜上富集了大量的感光细胞，每个感光细胞就好像一只小手，小手通过对光线的触摸感受景物的影像信息。眼颤现象相当于照相机的凸透镜在运动，导致的结果就是视网膜上的成像随之运动。通过光学推导不难得出，影像移动的方向与眼颤的方向一致，影像移动的幅度近似于眼颤的幅度。我们可以从运动的相对性的角度去理解眼颤：二维景物成像在视网膜上，好似一幅静止的浮雕。视网膜上有成千上万紧密排列的小手，其排列方式就像荧屏上的点阵一个挨着一个。这些小手通过集体移动的方式抚摸浮雕，并把摸到的信息告诉给大脑。然后大脑犹如把接收到的动态信息，即视觉信号的时间序列，编织成为一幅静态画面呈现于脑海。

接下来我们将眼颤现象数学化。我们知道，人要想识别空间信息，需要粗略地完成两件工作：一是确定空间中任意两点之间的位置关系，二是确定这两点之间的距离。如枪战影片中常有的对白“敌人在我两点钟方向二十码处”，两点钟方向就是位置关系，二十码就是距离。人眼的视网膜可以被看作是一个二维曲面，其表面的感光细胞大致以点阵方式排列，如图 1.3。任意一个细胞与上下左右的四个细胞直接相邻，相邻的距离为一个细胞的直径。眼颤的过程等效于成像不动，而点阵细胞做整体性的上下方向及左右方向的移动，移动的幅度为一个细胞直径。眼颤的结果是：建立了二维影像内任意一个像素点与其相邻的四个像素点之间的位置及距离关系。如果此时晶状体的焦距是确定的，即物与像之间的放大倍数是确定的，那么二维空间中的任意两点之间的位置关系及距离便可以确定了。

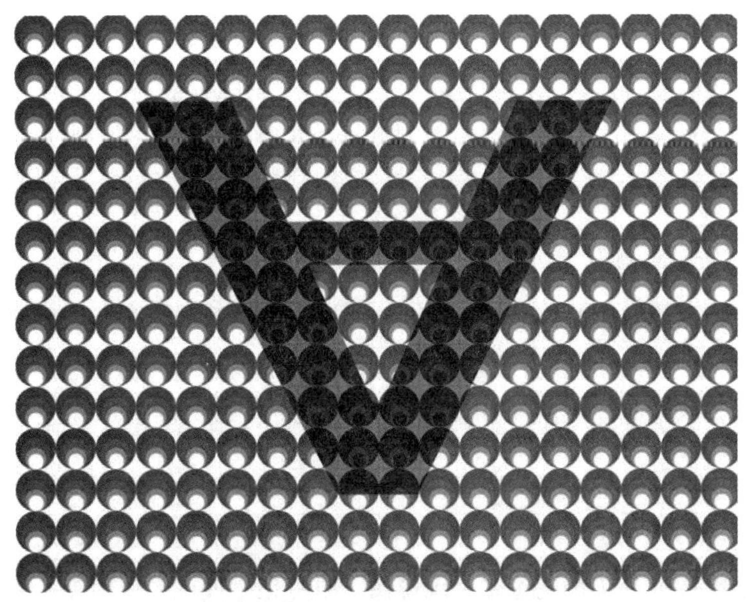

图 1.3 模型化的视网膜感光细胞阵列

大自然造物竟是如此神奇，让人惊叹！起初在思考利奥怎样才能识别空间时，作者联想到眼颤现象，那时作者对眼颤的幅度并不知晓，最初的设计就是让成像进行跨度为一个像素点的移动，因为这样的设计既可以实现功能又节省计算资源。如前所述，生物数据显示眼颤的幅度近似一个椎体感光细胞的直径。这应该不是巧合，生物数据从侧面揭示：人的空间概念不必是先天的，大自然为人类精心设计的动态的视觉系统可以让人们在后天习得空间概念。

探讨了视觉系统如何识别二维空间，接下来我们将探讨视觉系统如何识别三维空间中的纵深信息。人眼这部照相机是如何分辨远近的呢？我们知道，眼睛中的晶状体可以依靠睫状肌的缩放而改变厚度，从而达到调节焦距的作用。当晶状体变薄呈远焦状态时，远处来的光线恰好会聚在视网膜上并成倒立清晰的实像；若晶状体变厚呈近焦状态，近处来的光线恰好会聚在视网膜上。传统的观点认为人在看远处时晶状体采用远焦，看近处时采用近焦。但这个观点在仔细思考之下似乎存在问题。当晶状体呈远焦状态时，远处的景物在视网膜上成清晰的实像而近处的景物成像模糊，模糊的原因是从近处任意一点发出的光投在视网膜上是发散的，即近处的景物信息无法被感光细胞有效采样。这意味着远望时人的视觉系统几乎无法分辨近处有什么。而现实的情形是：人在远望状态下，近处有突发状况人会第一时间察觉。作者认为这很可能是因为：远望状态下的眼睛对近处信息的采样依然是完整的，只是人的注意力集中在远方而已。

因而作者猜想：视觉系统识别空间纵深的方式和眼颤相似，依赖于动态的信息采样。为了方便读者理解，作者用模型化的方法对上述猜想加以描述，虽然视觉系统的实际工作情况未必就如作者所述。作者假设：人眼在一个周期内（时间极短）利用全系列焦距对空间信息进行采集，t_1 时刻焦距 f_1，采样的二维影像为 P_1；t_2 时刻焦距 f_2，采样的二维影像为 P_2……t_n 时刻焦距 f_n，采样的二维影像为 P_n（识别每张二维影像，眼颤在发挥主要作用）。然后大脑犹如：把一个周期内采样的所有纵深影像 P_1、P_2…P_n 合成为一幅完整的三维立体图呈现于脑海。需要指出的是，现实中的人眼变焦并未覆盖全部景深，你可以想象一下眼睛里进沙子以及瞭望天空中繁星的情形，极近处是眼睛的盲区，极远处的景物会在视网膜上成像为一点。

如此，空间的三维信息可以近似的对应为一个数学集合，集合的元素包括焦距、视网膜曲面的经度和纬度信息。空间的三维信息的采集和处理，视觉系统是以动态的方式实现的。动态的视觉系统的观点可以延伸出一些有益的物理应用，涉及计算机视觉、虚拟现实、人工假眼等方面。

1.2 计算机视觉

计算机视觉是指用摄影机和电脑代替人眼对目标进行识别、跟踪和测量。虽然在人脸识别、指纹识别、图像识别等方面取得了不小的成绩，但计算机视觉依然面临挑战。以无人驾驶汽车为例，通常情况下汽车的视觉传感器包括了摄像头和激光雷达，其中激光雷达被用于测量纵深距离。如果计算机可以做到像人一样仅依靠自然界的光信号就能识别三维空间，即不但“看”到周围有什么而且知道离“我”有多远，那么无人驾驶汽车的灵活性和安全性将进一步提升，同时车载视觉系统的制造成本也将随之降低。为此作者提出了一种用于识别空间纵深的方法，核心是“变焦距分时采样”，见图 1.4，即在一个设定的周期内通过一组焦距的变化把空间中的纵深信息采集完整。应当理解，图示例子中每一个影像也具有空间纵深，同一影像的不同空间纵深信息由多个不同焦距获取。

“变焦距分时采样”有两种等效做法：一是“变像距分时采样”，即焦

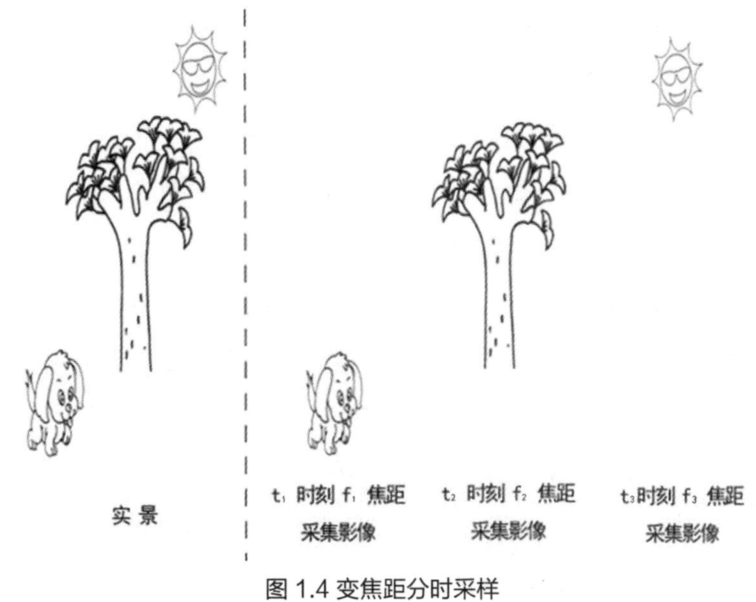

图 1.4 变焦距分时采样

距不变，对不同像距的影像信息分时采集；二是用“分空间采样”替代“分时采样”。分空间采样的想法就好比：两只眼睛因为离的比较近，因此采集到的景物信息相似，具有一定的替代作用。分空间采样使用一组紧密相邻的小镜头，小镜头焦距各不相同（也可以焦距相同而像距不同），有的“看”近处，有的“看”远方，用组合起来的信息覆盖全景深。

以上各种方法采集到的影像信息需要进行后期加工，通过去噪处理，去除掉影像中不聚焦的部分，保留聚焦的部分，原则是：假定感光屏上的任意一感光点在一个完整周期的变焦过程中至多只接收过一次清晰成像。

此外请读者们注意，通常情况下，在采集和处理空间信息的过程中计算机视觉系统并不需要模拟眼颤行为。眼颤行为服务的对象是大脑视觉皮层的神经细胞，神经细胞可以被认为是一维 。而计算机视觉系统是人为定义的，感光屏本身就是二维的，因而自然地反映了二维空间关系。

1.3 虚拟现实

虚拟现实无疑是当下最火的行业之一，立体视觉更是首屈一指。目前业界在立体视觉的实现上主要采用两种办法，一种基于双眼视差理论，另一种依靠光场技术。双眼视差理论认为人之所以能有纵深感受，是由于两只眼睛从不同角度去看同一物体，这种理论的一个应用就是人们通过佩戴特殊的眼镜可以观看到 3D 电影。

但作者认为人的纵深感受的核心原因不在于双眼视差。不然我们很难想象，戴着眼罩的船长可以在甲板上指挥战斗而不是被安排在船舱底部划桨；或者，你也可以试着用一只眼睛看世界，你会发现纵深感受并没有因此而消失。

实现立体视觉的另一种办法是光场技术，说到光场技术，读者的第一反应很可能是“光场是个什么鬼”？为了理解光场，请读者回想一下眼睛的成像原理。准确地说，不是眼睛看见了世界，而是光携带着世界的信息进入了眼睛。是的，光才是视觉体验的物质基础。

读者可以试着通过如下的假想场景去理解光场：在看台上，你正津津有味地欣赏着曼城与曼联的足球德比大战，碰巧拾到了哈利波特的魔法棒的我也来凑热闹，当你看到精彩之处的时候，我突然魔法棒一挥，时间停止了，光像一颗颗子弹一样停在你的面前。像子弹一样的光在物理学上被称为光子，光子们携带了综合的信息，包括物体的颜色和亮度，还有空间坐标和入射方向等等。这一粒粒的光子在你面前组成了一面墙，这面墙就叫光场[①]。

为了让你能够充分领会光场对视觉体验的作用，在时间静止的时候，我把赛场上的队员和裁判挨个扛出体育场。坦白地说，这是个累活。然后我的魔法棒再次挥动，“走你”，时间又开始流逝了。时间流逝的第一刻你会看到什么呢？“赛场上空无一人。”错，是队员们热火朝天的比赛场景。这是因为：刚刚的赛场信息已经“刻录”在了光子身上，虽然队员们被搬出场但光子却在，这些携带了赛场信息的光子刚好在时间流转的一刹那射入你的眼睛。

可以预见，只要能模拟出光场，也就是制造出观众面前的那一颗颗子弹，虚拟和现实人们会傻傻分不清。今天的影院，是投影设备把光线投映在屏幕上，人们通过反射和散射的光观看影片。未来的影院，会是投影设备把光直接投射到人的眼睛里，人们将能欣赏到真假难辨的立体电影。

当然，要模拟出真实环境的光场也不是一件容易事，这需要信息采集、数据加工及光场还原三个步骤。而信息采集方式的不同也决定了后期数据加工及还原方式的不同。

就光场的信息采集方式而言，目前比较流行的做法是利用微透镜阵列。这种做法带有一点仿生学的味道，我们知道昆虫的复眼对于光线的方向十分敏感，微透镜阵列法便是以光的方向为线索记录光所包含的综合信息。这种办法的缺陷之一是采集到的影像信息分辨率不高。微透镜阵列法的光学原理很明确（感兴趣的读者可以自行阅读相关资料），但为什么实践效果不尽如

① 准确地说是光场的一部分。

人意呢？作者认为这或多或少涉及一些哲学问题的探讨：世界的本来面目就是人们看到的样子吗？昆虫看到的世界是什么样，蝙蝠“看”到的世界又是什么样？世界存在于外部环境还是存在于生物的大脑之中？

上述问题讨论起来不止三言两语，在此作者仅仅给出一个猜想：通过微透镜阵列法采集到的影像信息的分辨率对拥有复眼的昆虫来说是足够的，据此加工进而还原出来的光场可以让拥有复眼的昆虫感受至深。我们知道，光子的尺寸实在太小，它所携带的信息很难被精确采集，信息失真不可避免。如果光场的信息采集以光的方向为线索，就相当于站在了昆虫视觉感受的立场上，那么所还原光场的某些方面的信息失真会让昆虫觉得微不足道，但是用这种方法还原出来的光场对于人而言就过于粗糙了。

昆虫的复眼敏感于光来源的方向，而人眼敏感于光来自的位置（即光从哪里发出）。如果我们从人的视觉感受出发，以人眼处理光线的方式进行模拟，相信所还原光场的效果会令人满意。为此，作者提出一种新的立体视觉的实现方法。它通过改变像距分时或分空间采集影像信息（一种等效的做法是改变焦距），之后进行去噪处理，再根据一倍焦距内凸透镜具有呈现放大虚像的特点加工出投影所需数据，最后通过快速改变投影头（即投影显示屏）与播放透镜之间的距离分时投放影像。利用人眼的视觉暂留①，上述方法将能较好地实现某一视角下的纵深影像还原（见图 1.5）。

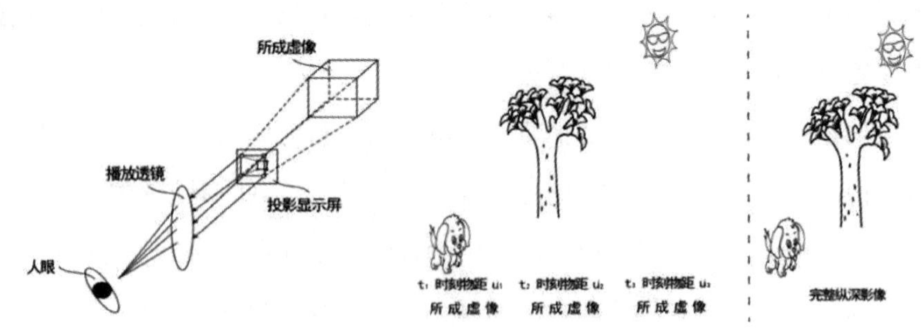

图 1.5 某一视角下的纵深影像还原

① 视觉暂留又称余晖效应。人眼在观察景物时，光信号传入大脑神经，需经过一段短暂的时间，光的作用结束后，视觉形象并不立即消失，视觉的这一现象则被称为视觉暂留。

可以想象：如果从更广阔的视角采集光场信息进而实施影像还原，比如在平面或凸面墙上布置摄像头阵列进行信息采集，对应的，在平面或凸面墙上布置投影头阵列进行影像投放（见图 1.6），这样不需要佩戴任何设备，人们即可享受身临其境的视觉体验。

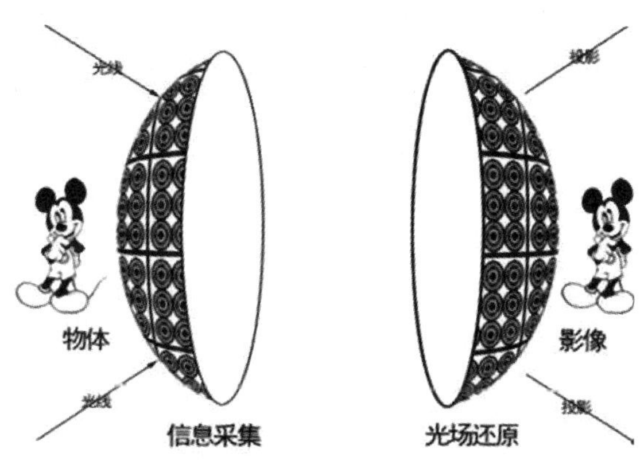

图 1.6 广阔视角下的纵深影像还原

1.4 人工假眼

人工假眼是指可以处理光信号，并把信息传送给大脑的眼睛替代品。目前世界上还没有完全可以替代眼睛的装置，图 1.7 展示了一款由美国研制的名叫“棒棒糖”的人工假眼。它可以让失明者利用舌头看世界。该装置能够将可视图像转化成为一系列电脉冲信号，舌头通过感受不同强度的电脉冲刺痛

图 1.7 “棒棒糖”人工假眼

进而判断周围的环境。新闻报道称，尽管这种假眼是一种先进装置，但目前只能起到辅助的作用，盲人依然离不开导盲犬的帮助。

作者通过模仿人眼的眼颤及变焦行为，提出了一种人工假眼的信息处理方法。这种方法先将摄像头捕捉到的影像信息交给计算机实施图像处理，然后再把生成的动态的数字化信息转换为电脉冲信号，最后将电脉冲信号经由人工视网膜传送给大脑，其目标是使人工假眼能够有效地替代人眼。作者希望这种方法在未来能够被专家们进一步完善从而转化为实际应用，使失明患者可以做到像普通人一样看见大千世界。

第二章
利奥的设计原理

2.1 利奥项目简介

关于构建智能的方法，目前学术界有三大流派。分别是符号主义、联接主义、行为主义。符号主义又称逻辑主义，该学派认为：认知的基本单元是符号，认知过程就是符号运算过程。符号主义主张用逻辑方法来构建智能体系，但却遇到了“常识”问题的障碍，以及不确知事物的知识表示和问题求解等难题。联接主义又称仿生学派，该学派认为智能起源于生物神经网络，思维的基本单元是神经元而不是符号；思维过程是神经元的联接活动过程而不是符号运算过程。联接主义认为人脑的工作模式不同于电脑，主张用结构模拟的方法构建智能体系。行为主义又称控制论学派，认为智能起源于“感知—动作”的控制系统，智能就表现为生命体对外界复杂环境的适应过程，而不是知识表示和知识推理。

在利奥的设计问题上，作者并未纠结于采用哪种主义，而是从功能性的角度出发，在为利奥构建大脑的同时，也给利奥加装了身体，并且还为他营造了一个虚拟的生活环境。作者认为，大脑、身体、环境三者都是智能形成不可缺少的条件。这个观点此刻不做深入解读，但请读者从另外一个角度考虑：假设人的智能是可模拟的，并且只模拟大脑就足够了，那么额外模拟身体和环境应该不会影响智能的实现；但如果身体和环境对于智能的形成也是必要的，只模拟大脑不够，那么作者同时构建三者的做法就是一个相对保险的方案。在构建大脑、身体、环境的细节方面，作者做如下一些说明。

利奥被设计成完全自主的智能体（Agent），见图 2.1。他的身体被赋予了像人一样的感觉器官（传感器），感觉器官可以把输入信号传送给大脑。同时，利奥的大脑可以输出信号给肢体（执行器），从而使利奥发出动作与环境做交互。环境被设置了和现实世界类似的物理规则，超越物理规则的现象在环境中不会发生。

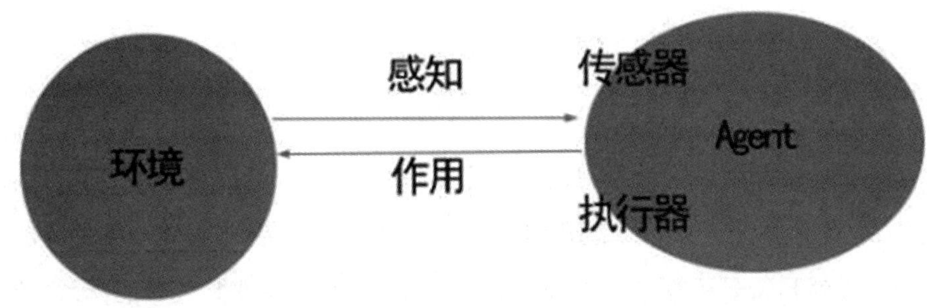

图 2.1 Agent 模型图

利奥大脑的初始状态是一无所知。对于一切知识和技能，利奥都要从零开始学习。此外，由于技术人员不能直接与利奥交互，环境中引入了起培训作用的角色：爸爸和妈妈，技术人员可以通过操控爸爸和妈妈来教授利奥学习。系统运行后你将惊奇的发现，利奥在认知环境的过程中，在爸爸妈妈的培训下，像个孩子一样逐渐掌握了诸如觅食和避险的生存技能，并学会了一些非常简单的对话。

利奥的设计原理有别于传统，但为了方便读者理解，作者选用了传统的叙述顺序对利奥进行解读：识别、建模、统计、记忆、情感、决策、行为。

2.2 识别

利奥在环境中生存的第一步就是认识世界，即能够通过传感器感知环境并对感知到的对象进行识别。例如用眼睛分辨不同的物体，用耳朵分辨不同的声音，用嘴巴分辨不同的味道。本节中作者以视觉感知为例，说明若要达到像人一样的认知水平，利奥需要完成如下三项任务：

（1）能够识别出空间中的物体。具体而言，能够识别出属性数据（比如颜色）在空间中的分布。

（2）能够识别出物体之间的空间关系，即物体之间的相对方位和远近。

（3）能够识别出物体的状态随时间的变化（比如衣服因沾染墨水引起的颜色变化，比如行走导致自身位置的变化）。

事实上，这三项功能反映的是大脑通过视觉系统在识别三种基本对象：物质、空间、时间。作者的观点是：对于视觉上的认知而言，属性数据在空间中的分布构成了物体，属性数据在空间中的不连续决定了物体的边界（这反映出了物质与空间的关系）；属性数据在时间上的分布描述了物体的变化（这反映出了物质与时间的关系）；还记得关于眼颤和变焦的讨论吗？空间关系可以表示为信号的时间序列（这反映出了空间与时间的关系）。

虽然本节的讨论以视觉为例，但在现实生活中，即便是那些不幸先天失明的人也能很好地识别物质、空间、时间三种基本对象，因而智力与常人无异。这意味着，与物理学的结论一样，认知层面上的物质、空间、时间也是如此紧密的交织在一起无法割裂。

随着本书讨论的深入，读者会愈加发现，对于物质、空间、时间的识别能力是一个自主的智能体形成逻辑的必要基础。也可以这样说，物体之间的空间关系（也包括同一物体不同部分之间的空间关系），以及物体状态变化所反映出的时序关系，它们本身就是逻辑。想象一下如下的情景：猫和老鼠同时出现；闪电和风暴一起发生；“落霞与孤鹜齐飞，秋水共长天一色”。这几组时空关系在你大脑中反映出的共性成为了你在数学课上学到的“与”逻辑。

在设计环节上，技术团队对虚拟环境的物质对象、空间格局、时间流逝模式予以模型化，从而降低了利奥在识别上的难度，使得他在虚拟环境中能够有效地识别物质、空间、时间三种基本对象。

2.3 建模

人的大脑和传统的人工智能系统有一个重要区别：人的大脑里装着一个世界，现实之外的、活的世界。作者的这个观点乍听起来似乎有点道理，但谨慎的读者难免有所怀疑。梦是一个比较有说服力的证据。在梦里，当你和暗恋已久的佳人在梧桐树下接吻时，此时的现实世界给你大脑的输入几乎为零，也就是说你身旁既不存在佳人，也没有梧桐树，只有被你蹬开的被褥。但佳人的模样如此清晰，吻的感觉如此真切，这让你不得不相信，如果现实世界没有提供这样的输入，那么这一切就只可能是来自于大脑的内部。

是的，人的大脑里有个世界，活生生，仿佛现实世界的影子，内容却更丰富。你可以试着体会下列一些行为：回忆过去、思考现在、憧憬未来，这些最深邃的智能行为，无一不是大脑内部的这个世界在为你提供素材。

我们知道，现实世界是由物质构成的。如果人的大脑里有个世界，那么这个世界是由什么构成的呢？作者给出的答案是：感觉。读者还记得我们之前的讨论吗？属性数据在空间中的分布构成了大脑对物体的理解。而感觉，恰恰是大脑中承载各种属性数据的载体。读者可以试着考虑一个具体的对象，比如苹果：红颜色、球形状、甜味道、吃起来还有清脆的声音。这些视觉的、味觉的、听觉的感觉组合在一起，构成了大脑世界中的苹果。苹果如此，大脑中的其他对象也如此，它们都是由视觉、听觉、触觉、嗅觉、味觉等感觉搭建起来的。所有这些由感觉构成的对象，共同组建了大脑中的世界。

铺垫了这么多，作者想表达的是：有没有办法使利奥能够像人一样通过对现实世界的识别，进而在自己的大脑中建造出一个世界模型。作者的答案是：能，前提是我们得先把人类自身的感觉物质化，然后才能在利奥的身上加以模拟。为此，作者引入三个假设：一、感觉可以被视为是大脑神经系统中的物理信号。二、和物质一样，感觉是由基本单元构成的。三、感觉的基本单元可以像乐高积木一样进行组合。接下来作者将对上述假设具体说明。

假设一：感觉可以被视为是大脑神经系统中的物理信息编码

要模拟人类智能，我们不可避免的会在理论和实践中遇到和人类意识有关的问题。哲学家查尔默丝曾把和人类意识有关的问题分为简单问题与困难问题。简单问题指可以归结为结构、功能和动力学的问题；困难问题则可以被视为是“心身问题”的一个现代版本，它是一个关于跨越在客观的物质大脑和主观的体验世界之间存在的“解释性鸿沟”的问题。简单问题并不是真的简单，但是起码人们面对这些问题时知道大致用什么方法解决；而与感觉相联系的困难问题被认为是非物理的，因而面对此问题时自然科学显得无能为力。

虽然感觉看不见、摸不着，难以用物理和数学语言描述，但作者的观点是：人的感觉并非杂乱无章，某种感觉和大脑中特定的神经冲动总是保持着一一对应的关系。比如每次当你见到猫时，你大脑皮层中某个特定神经区域的细胞都会随之活跃，这表示关于猫的感觉对应着一系列特定的信息编码。又比如你见到红蓝相间的物体时能轻而易举地分辨红色区域和蓝色区域，这说明红色的感觉在你大脑中对应着一组信息编码，而蓝色的感觉对应着另一组，因而你不会混淆。另外，你完全不会把视觉感受和听觉感受搞混，也在显示你的视觉感受对应着神经系统的某一类信息编码，而听觉的对应着另一类。基于这种一一对应的关系作者提出了本假设，即人的某种感觉可以被视为是大脑中特定的神经电信号，大脑中特定的神经电信号就代表了某种感觉本身。

显然，把主观的感受体验和客观的物理信号划等号的做法缺乏科学依据，因此作者在本书的第三章重新梳理了这个问题，力争在精神世界与物质世界之间搭建起桥梁。暂且采用“感觉就是电信号”的假设，是因为这个假设不但表述简洁，而且具有程序设计上的可操作性。此外，这个假设还使得一向神秘的人类意识能够被具体化，这有利于作者从还原论的角度对诸多的新观点进行阐述。更重要的是，这个假设并没有给大脑的运行带来任何逻辑上的矛盾。

很快读者就会发现，这个假设将成为我们理解和构建通用型智能的基础。

关于这个假设的意义，套用电影《大话西游》中的一段对白：从传统的逻辑的方法出发（与，或，非，if…then…else），我们在用肉眼去看“智能是什么”；但是以感觉物质化的方法做起点，我们便是用心眼去看“智能是什么”。曾经的疑惑，包括一直困扰着我们的关于情感和意识等问题的真相，都会变得前所未有的清晰。故而作者在此重申，本书中所提到的感觉，即感受体验，多数情况下都可以被视为是其所对应的物理信息编码。

假设二：感觉象物质一样是由基本单元构成的

首先考虑一下物质世界，比如一辆汽车，是由车身、车轮、方向盘、座椅等组成的。其中座椅又是由金属框架、泡沫填充物、真皮等组成的。而真皮是由动物组织细胞构成的……最终，物质的构成会追溯到微观层面的原子。如果不纠结于物理学上的甚解，我们完全可以把原子作为构成物质的基本单元。

作为类比，大脑中的世界是什么情形呢？还是以苹果为例。关于大脑中的苹果的构成，追根溯源的结果显然不再是原子，而是表达各种属性的感觉，就像前文所描绘的红色、球形、甜味……请读者尝试把苹果的红色感觉作为对象再进一步细分，就像拆分汽车那样。如果你已经细分到由一个感光细胞为大脑所提供的红色感觉①，你会发现分解似乎进行不下去了，那么恭喜你，这个关于红色感觉的最小单位就是作者所说的基本单元②。

以此类推，你会找到众多的基本单元，来自视觉的、听觉的、触觉的、嗅觉的、味觉的等等。请注意，不同类型的基本单元是不可通约的，就像物质世界中的不同种类的原子一样，既不能组成彼此也不能替代彼此。此外，这些基本单元又是携带着一整套类别属性的。比如，红色感觉隶属于颜色类，而颜色又隶属于视觉类。

在利奥的设计上，技术团队以人所具有的感觉为参考，为利奥构造了一系列的感觉基本单元。不再是巧妇难为无米之炊，有这些基本单元作为原材料，

---

① 请读者注意，一片红色的感觉和一点红色的感觉是有区别的。
② 按照第一个假设，红色感觉的基本单元便是一个特定的物理信号。

利奥要在大脑中搭建关于世界的模型就变得有可能了。

把感觉的基本单元视为大脑中世界的“原子”的想法，受启发于作者在百度贴吧上看到的张志峰发表的一篇文章《脑理 — 彻底破解脑意识》。张志峰在文中着重讨论了人类如何理解语言概念，他认为每一个语言概念都有自身的内涵，类似于我们平时所说的语义。有一类语言比较特殊，被用以直接描述人的基本感觉，例如红、痛、酸、渴……，张志峰认为这类概念无法被进一步解释，其内涵只能是概念本身。这类概念我们暂且称呼为“感觉概念”。

也许某些读者和张志峰持不同的观点，他们把红作如下解释：“红色是颜色的一种，红光指波长 625 纳米至 740 纳米的可见光。”作者赞同张志峰的观点。其实我们恰恰是用红色，同时也包括黄色、蓝色等作为基础去解释颜色，而不是相反。这就好比对于一个盲人，因为缺乏对红色、黄色、蓝色这些具体感觉的体验，所以无论你如何解释，他都没办法领悟颜色的内涵。

张志峰进一步认为，任何语言概念都是建立在“感觉概念”基础之上的，即使像爱情、计划、矛盾这些复杂的概念也不例外，虽然这些概念看起来离“感觉概念”有点远。张志峰打了个比方来解释为什么人们感受不到复杂概念和“感觉概念”之间的联系。复杂的语言概念可以比作一幅美女画，远观可人，但是当你紧贴着画面对美女一探究竟时却是心凉半截，只能看到一堆红、黄、蓝、绿的小点，这些组成画面的小点就相当于张志峰所说的“感觉概念”。

假设三、感觉的基本单元可以像乐高积木一样进行组合

感觉的基本单元有了，这些基本单元如何才能形成关于世界的模型呢？作者的答案是：像乐高积木一样进行组合①。请读者注意，这里所说的组合并不是随意的，需要遵循既定的规则。打个比方，以构建“正在说话的妈妈”为例，大脑先把代表颜色和纹理的积木块拼成妈妈的鼻子、眼睛、嘴，再把拼好的鼻子、眼睛、嘴组装成脑袋，继而和身子、胳膊、腿搭建成人形，这个视觉上的形象再和听觉上的声音组合才构造出“正在说话的妈妈”的模型。

① 乐高积木组合的这种比喻反映在大脑中就是神经细胞按照生物法则在彼此之间建立起联系。

2.4 统计

人的大脑中装载着世界的模型，这个模型不但能描述世界的结构，还能描述世界的变化规律。想象一下初秋的某个清晨，你拉开窗帘看到窗外飘雪，虽然室内温暖如常，但你判断室外的温度已在一夜之间变得寒冷，因此在出门前穿上了棉衣。下雪和气温变低之间的联系，就是你的大脑学习到的规律之一。问题是大脑通过什么样的方式学到了世界的变化规律？作者的回答是：统计。

2.4.1 大脑在统计什么

环境的变化是在空间和时间中进行的，因此大脑对于自然规律的统计依赖于空间和时间因素。作者的观点是，大脑始终在统计两件事：一、在空间范围内，什么对象总是同时出现。二、在时间进程中，什么对象经常顺序发生。第一种情形就像照片，描述了同一时刻空间中出现的都有哪些对象，对象的状态是什么样，对象之间的空间关系如何。第二种情形就像是一系列照片连成的录像带，描述了对象的状态如何随时间变化。作者认为，大脑对经常顺序发生①事物的统计结果就反映了现实世界中的因果关系。正如学者梁冰曾指出的那样："人对于因果关系最原始的语义认知起源于两个事件在时间上顺序发生，并且这两个事件的顺序发生在日常生活中很常见。如果两个事件虽然在时间上顺序发生但其日常发生的频次很低，那么此种情况下的语义就变成了人们所说的偶然。"

大脑依靠感觉来体验外部世界的状态变化，我们可以想象如下情景：某一时刻，外部世界什么样，感觉就照猫画虎在大脑中呈现出什么样，视觉、听觉、触觉等按照既定的规则组合在一起，我们把这组感觉记作 S_1；下一时刻，

① 事实上，同时出现可以被视为是顺序发生的一种特殊情况。

大脑用感觉如法炮制，我们将获得 S_2。如果，大脑将 S_1 中所有的元素进行“同时”的统计，S_2 也如此，但在 S_1 和 S_2 之间进行“顺序”的统计，那么长期的统计结果将反映出世界的变化规律。

同时和顺序的统计似乎在做这样的假定：S_1 中的所有元素，都是 S_2 中的任何一个元素发生的潜在原因。在长期的统计中，若状态集 P（$P \subseteq S_1$）与状态集 Q（$Q \subseteq S_2$）建立了相对稳定的顺序联系，那么大脑将会认为 P 是 Q 发生的原因。如此，现实世界的变化规律在一定程度上便可以被大脑掌握了。

美国作者杰夫·霍金斯在《人工智能的未来》一书中着重介绍了大脑所具有的卓越的预测能力，他将这种能力归结为大脑对于含有时间序列的信息的学习。由霍金斯创建的 Numenta 公司以此为理论基础提出了一种模拟人类大脑皮质的算法（HTM），这种被称为 HTM 的算法在很大程度上便采用了对输入信息的同时与顺序的统计方式。

请读者注意，对于空间信息和时间信息的处理，大脑采用了离散化的方法，这为感觉信号的“同时出现”与“顺序发生”的统计提供了便利。离散是指不连续，空间的不连续就好比，如果用沙滩上的脚印来描述人在空间中的行走轨迹，那么相邻的两个脚印之间无轨迹可寻。时间的不连续就好比，如果上面例子中用脚印的位置做时间标尺来描述走路的时间进程，那么相邻的两个时刻之间无其他时刻可言。

大脑处理信息无法做到连续，很大程度上是由于其运行依赖于神经系统的基本单元：神经细胞。以空间信息的处理为例，其采样精度受限于眼睛单个感光细胞的直径，故无论空间在物理学意义上是否连续，大脑所处理的空间信息都是离散的，虽然大脑呈现给人的是一种空间连续的感觉。在时间信息的处理问题上，由于大脑中相邻神经细胞依次活跃的时间间隔受限于神经冲动的传播速度，故无论物理学意义上的时间是否连续，大脑对环境状态变化在时间上的感知是离散的，虽然大脑呈现给人的是一种时间连续的感觉。

2.4.2 语言概念的统计学特性

语言无疑是人类智慧的集中性体现，它以抽象符号的形式承载了逻辑性的信息。在本节作者将从语义的视角出发去阐述语言概念所具有的统计学特性。

语义即语言的含义。关于语义，人工智能领域的学者们有两种不同的声音。一方面，计算机学派倾向于将语言解释为抽象符号之间的连接关系，他们相信大脑是用符号统计的结果来理解语言的。另一方面，语言学家与心理学家坚称在抽象符号背后存在一种叫语义的东西，虽然目前他们没能将语义以某种清晰的形式展现出来。

对于自然语言处理的应用，显然是计算机学派占了上风。以机器翻译为例，随着统计算法的推广，今天机器翻译的准确率较十年之前有了大幅提升。但就已有的成就来看，机器翻译的水平离人工翻译的水平仍相差甚远。有语言学家指出，要提高目前机器翻译的质量，首先要解决的是语言本身的问题而不是程序设计的问题。

关于语义，作者在此先表明观点：语义反映的是映射关系，它代表了在由各种感觉信息所构成的数学空间中，高维度的感觉信息集合面向语言符号的映射。鉴于所述数学空间的基本变量中包含时间变量，因而更准确地说，语义反映的是高维度的感觉信息流与语言符号之间的映射关系。作者进一步认为，大脑是用信息统计的方式建立起上述映射关系的，从数学角度看，被统计信息的范围包括了几乎所有种类的感觉信息（同时涵盖有时间因素），远远超出了计算机学派所主张的语言符号本身。

下面作者将通过分析如下三个词汇：红的、气球、是，从中找出语言概念所涉及的映射关系的具体内容（即发掘出隐藏于语言符号背后的语义），同时请读者们见证所述映射关系是如何被大脑用统计的方式建立的。

关于“红的”这个词汇的解释，我们曾在前面讨论过。此类词语比较特殊，被用以直接描述人的基本感觉。因此，“红的”语义内容就是红色视觉信息本身。

当儿童看到正红色的气球时,妈妈说“红的”;看到深红色的苹果时,妈妈说“红的”；看到浅红色的衣服时，妈妈说“红的”；看到鲜红色的旗帜时，妈妈说“红的”。和红相关的视觉信息与“红的”听觉信息总是同时活跃，经过众多次数的统计，红色的视觉信息集合与发音“红的”之间建立起映射关系。如果以视觉的颜色属性做基本变量，语言“红的”映射关系可粗略的表示为：Y=X（浅红视觉≤ X ≤深红视觉）。

当我们分析语言“气球”所涉及的映射关系时，读者会发现用来表达气球的感觉信息维度比人们想象中的要高。以刚刚分析语言“红的”的模式为参考我们不难想到，儿童对于红气球、黄气球、蓝气球、斑点气球等各种气球的视觉及触觉体验组成了样本空间，大脑运用统计的方式建立起了感觉信息与语言“气球”的映射关系。前文说过，大脑中实物模型所展现出的影像和触感是以感觉信号的时间序列表示的。气球看起来圆圆的样子，带有色彩的图案，摸起来软软的手感，这些感觉信息中都包含了时间因素。很明显，我们已无法在三维数学空间中将上述感觉信息完整的表达，因而“气球”概念在大脑中是以高维度信息流的形式存在的。

“是”在不同的语境下有不同的含义，这里我们仅以“气球是红的”中的“是”的语义为例进行探讨。“是”作为生活中最为常用的语言之一，当你试图解释它时却会感到力不从心。你可以用“判断”或“肯定”来解释“气球是红的”中的“是”，但这显然没有之前对“红的”和“气球”的解释那样令人满意，因为你很难说清“判断”和“肯定”又代表什么意思。

有趣的问题是，如果说人们不懂得“是”的含义，那为何一个三岁的孩子在说话时就已经能很好地运用“是”？如果说懂得，又为何一个三十岁的成年人也没办法把“是”解释得透彻？究其原因，作者认为是由于大脑没有把高维度信息流与语言符号之间的映射关系明确告诉给人们，而是仅仅通知给人们以语言符号作为表现形式的映射结果[①]。

---

① 请读者关注后面章节中关于“知道”的阐述，这将有助于读者对上述观点进行理解。

为了搞清“是”的语义，让我们试着在由感觉信息构成的数学空间中去发掘“是”所表达的映射关系。在儿童学习语言的早期阶段，大脑会首先建立起一些具体对象和语言的对应关系，比如视觉红与语言“红的”的对应关系，实物气球与语言“气球”的对应关系。接着儿童通常会接触到如下场景和语句：“气球是红的”“香蕉是黄的”“草是绿的”，等等。在由感觉信息构成的数学空间中，气球对应了一组数学集合，红对应了一组数学集合，香蕉、黄、草、绿同理。集合红之于集合气球，集合黄之于集合香蕉，集合绿之于集合草，它们在数学空间中所表达的关系是一致的。鉴于高维数学空间不易理解，我们暂且把高维数学空间当成二维数学空间去处理，并假定 X 轴代表实物，Y 轴代表颜色（如图 2.2 所示），那么“是”所表达的映射关系便清晰可见。（气球，红的）（香蕉，黄的）（草，绿的）……都是二维平面上的点。大脑对于语言“是”实施统计的过程其实就是对平面上的点集进行拟合[①]的过程，而拟合的结果 K=Y/X 就表示了“是”的映射关系。

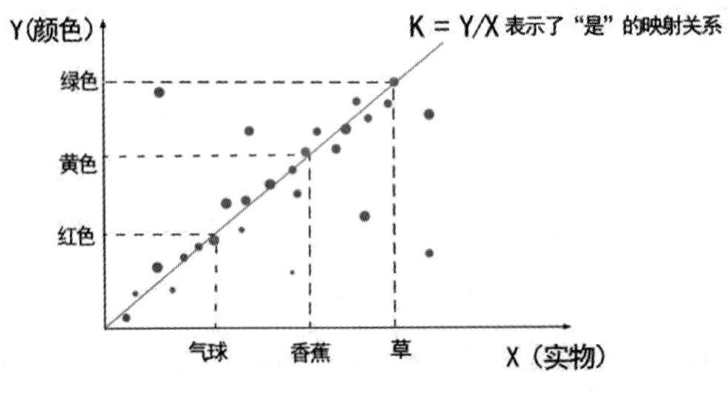

图 2.2“是”的映射关系

如果你问一个儿童，皮鞋是什么颜色的？大脑会把“皮鞋”代入到“是”的映射关系中，进而得出“黑的”的结论。随着儿童接触的环境越来越复杂，还有一些和“是”有关的场景和语句会相继出现，例如：皮球是圆的，糖块

① 所谓拟合是指已知某函数的若干离散函数值 $\{f_1,f_2,\cdots,f_n\}$，通过调整该函数中若干待定系数 $f_{(\lambda 1,\lambda 2,\cdots,\lambda n)}$，使得该函数与已知点集的差别最小。如果待定函数是线性，就叫线性拟合或者线性回归。

是甜的，开水是热的，等等。“是”的映射内容从先前的颜色属性被拓展至更多属性，拟合结果也会随之延伸。人类语言概念所具有的丰富表现力暗示了这样一个事实，由感觉信息构成的数学空间蕴含着多样的复杂的映射关系。如走、跳、抓、投这样的词语，它们所反映的映射关系明显包含了时间变量；如对、错、好、坏这样的词语，它们所反映的映射关系与情感因素有关；如理想、升华、精髓、魅力，它们相对抽象需要用其他的词语组合予以解释，此类映射关系可以理解为函数的嵌套。还有很多其他的情形，在此不一一列举。

通过前面的例子我们可以看出，语言的映射关系是大脑统计机制作用的结果。这样的例子在我们身边还有许多，比如父母通常都有过如下教授孩子的经历，指着同一个对象，例如红色的气球，你对孩子说“气球”，你也曾说过“红色”，你还曾说过“圆形”。孩子是如何领会你的所指进而学会对应关系的呢？答案便是统计。初学时孩子并不清楚对应关系，大脑只是把同时发生的视觉信息和听觉信息匹配。除了红色的气球，你指着黄色的气球也说“气球”，还有蓝色的气球、斑点的气球，等等。随着更多样本的出现，实物气球与语言“气球”的映射关系渐渐形成了。“红色”也是如此，大脑通过对红气球、红旗、红灯、红苹果等的统计，逐渐理解了红色的含义。“圆形”也一样，气球、盘子、车轮、瓶盖等共同构筑了圆形的意义。

说到了统计对语言概念形成的作用，就不得不提到另外一个话题——模糊。我们说某个语言概念是模糊的，是说这个语言概念的边界不确定。例如“热”这个概念，多少度是热？它的概念边界就很难说清楚。早在 20 世纪 20 年代，英国的哲学家兼数学家罗素就写出了有关模糊性的论文，他认为所有的自然语言均是模糊的。在这个问题上作者和罗素持相同的看法，作者认为：语言概念反映的是大脑通过对离散[①]数据的统计而形成的映射关系，因此所有语言概念在本质上都不具有清晰的边界。读者或许有所疑问，为什么人们只觉得有一些语言概念模糊，而大多数语言概念却不模糊？这是因为：在由感

① 前面我们曾讨论过大脑对感觉信息的处理方式是离散的。

觉信息构成的数学空间中，大多数语言概念所涵盖的信息维数较高，而现实中只有当某个语言概念所涵盖的信息维数过低时它才可能会显得模糊。比如，“红色”的概念会让人觉得模糊而“气球”的概念却不会。语言“红色”所涵盖的信息维数可以被认为只有一维（即颜色），而语言“气球”所涵盖的信息维数却要高得多。对于气球而言（假设它的颜色是红色），虽然红色让人觉得模糊，但由于颜色只是气球的属性之一，因而红色引起的模糊性被消弭。这种现象用数学语言表述就是：“低维空间的线性不可分，映射到高维空间后线性可分。”这就是为什么人们通常只会认为那些由基本感觉直接表示的语言概念显得模糊。

2.4.3 生物神经网络——大脑的统计工具

大脑是用什么工具完成统计任务的呢？作者给出的答案是生物神经网络。

生物神经网络的基本单位叫神经元，又称神经细胞。从形态上看神经元的细胞体好似圆形，从细胞体发出的一些树枝状的结构称为轴突和树突（如图 2.3）。

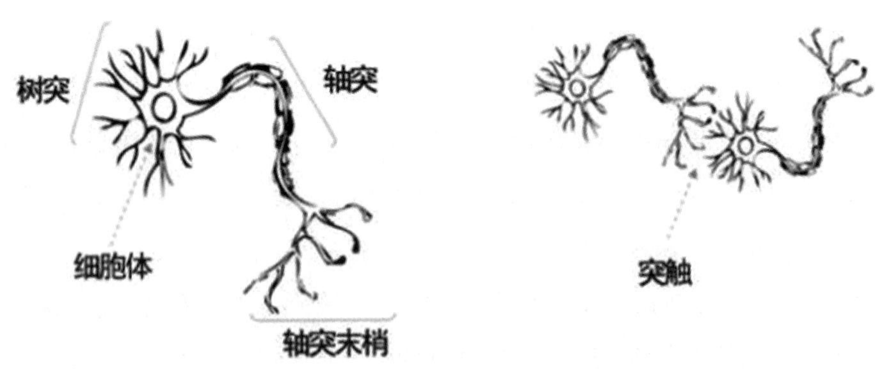

图 2.3 神经元结构

神经元的工作原理似乎并不复杂。树突接受其他神经元传来的信号，就像是信号接收器。轴突末梢把神经冲动传给其他神经元，就像是信号发射器。当一个细胞的轴突末梢接触到另一个细胞的树突时，就会形成一些连接，叫做神经突触。一个神经元发出的神经冲动（动作电位）到达突触后，可能会激发接收的神经元产生动作电位（使其兴奋）；但一些突触也有相反的作用，反而使得接收细胞产生动作电位的可能性变小（使其抑制）。突触的强度可以根据两个细胞的行为而发生变化。当两个神经元几乎同时产生动作电位时，它们之间的连接力度就会被加强，这是最简单的突触强度变化，被称为赫布学习法则 (Hebbian Learning)。

生物神经网络锻炼出的突触强度以及神经元的阈值，在一定程度上就反映了感觉信号"同时出现"和"顺序发生"的统计结果。作为大脑的统计工具，作者总结了生物神经网络所具有的如下一些特点。

首先，和传统计算机相比，生物神经网络处理信息的方式是并行的，这种差异反映在统计方面就表现为统计效率高但统计精度低，而以串行方式工作的传统计算机恰恰相反。关于统计效率问题，由于大脑从环境中接收信息的种类多、维度高、数据量大，因此并行方式较串行方式更为高效。以利奥的设计为例，由于利奥目前运行于传统计算机，信息统计无法在硬件方面实现并行作业，因而待处理数据面临组合爆炸的难题。为此技术团队实施了一系列的变通措施，其中一项便是强调"由变化引起变化"的统计。关于统计精度问题，生物神经网络的统计是建立在生物机制上的，因此无法做到像传统计算机那样精确。然而作者认为像生命这样的系统，信息统计不必精确无比，但要有重点，作者的这个观点将会在后面的章节中做更深入的说明。

其次，通常情况下传统统计所针对的对象是预先定义好的（比如政府部门每年所做的关于 GDP 的统计），而生物神经网络的统计所针对的对象是不特定的。前文所言，环境中被感知到的对象对应了大脑中特定的神经元的活跃。作者的观点是：不论这些被感知到的对象是什么，生物神经网络都会对它们进行"同时出现"以及"顺序发生"的统计。正是因为生物神经网络的统计是针对任意对象的，并不需要预先定义，因此大脑具备了从一无所知开始学习的能力。进一步讲，对于像生物神经网络这样的系统预先定义知识是没有用处的，因为预先定义的知识无法和后天的所见、所闻、所感有效建立起联系。

这里作者用“祖母细胞”做例子来说明上述观点。

祖母细胞是神经生物学家杰罗姆·莱特文提出的的一种假设，指在人脑中存在一个或一组神经细胞，当某些特定的概念如你的祖母头像出现时，这个或这组细胞就会被激活。关于祖母细胞的假设，学术界一直存在争议。我们暂且搁置争议，讨论接下来的问题。如果祖母细胞存在，是否在婴儿出生时就存在？即祖母的概念是先天预设的还是后天习得的？作者的回答是：后天习得的。学者梁冰基于对语义学的研究曾经指出：“人对于某一概念的认知，依赖于被认知概念和其他概念之间的关系。”比如，人对祖母概念的理解就涉及祖母和性别的关系，祖母和年龄的关系，祖母和祖父的关系，祖母和父亲、母亲的关系等。剪去所有的关系，祖母的概念将变得空泛而失去意义。

假定祖母细胞是先天预设的，同时假定婴儿起初就能理解祖母概念，这意味着与祖母相关的概念以及概念间的关系也须是先天预设的，那样的话婴儿一出生就将万事皆通。假定祖母细胞是先天预设的，但假定与祖母相关的概念以及概念间的关系是后天建立的，这就要求生物神经网络在建立祖母细胞和其它神经细胞的连接的过程中，既可以实时定位祖母细胞又能知晓各种连接的内涵才不至于连接出错。通过前面对生物神经网络的工作原理的介绍我们不难看出，生物神经网络无法胜任上述假设性的工作。基于上述分析，我们可以推断出：祖母的概念是后天习得的。作者认为：大脑的一个显著特点就是知识无法被先天预设只能依靠后天学习。从这个角度上看，通过以知识表示、知识推理、知识运用为理论核心的符号主义的方法，将难以构建出像人类这样的通用型智能。

2.4.4 利奥神经网络的设计特点

为了逐步向通用型智能的方向迈进，利奥在完成对世界的识别和建模任务后，还需要完成统计任务。而统计需要求助于神经网络，事实上利奥对世界的识别和建模过程在很大程度上也是置身于神经网络之中的。接下来作者将通过介绍传统的人工神经网络，然后以其为对照来阐述利奥的神经网络在设计上的一些特点。

人工神经网络（ANN）是从信息处理的角度，对人脑的生物神经网络进行抽象而建立起的某种运算模型，通常用来对某种算法或者函数进行逼近，也可能用来对某种逻辑策略进行表达。人工神经网络由大量的节点和节点之间的连接构成。节点用来模拟神经元（见图 2.4 左图），每个节点包含一种特定的输出函数，称为激励函数。例如激励函数为阶跃函数的人工神经元就是一种常见的模型，当激励值超过某个阈值时会产生一个值为 1 的信号输出，当激励值小于阈值时则输出 0。在人工神经网络中，节点之间的连接值用来模拟突触的强度，称之为权值。如果权值为正，起激发作用；权值为负，起抑制作用。当输入信号进入神经元时，输入信号的值将与它们对应的权值相乘，加权求和后成为激励函数的输入。人工神经网络的种类有很多，根据网络的连接方式、权值和激励函数的不同而不同。图 2.4 右图中的类型称为前馈神经网络。

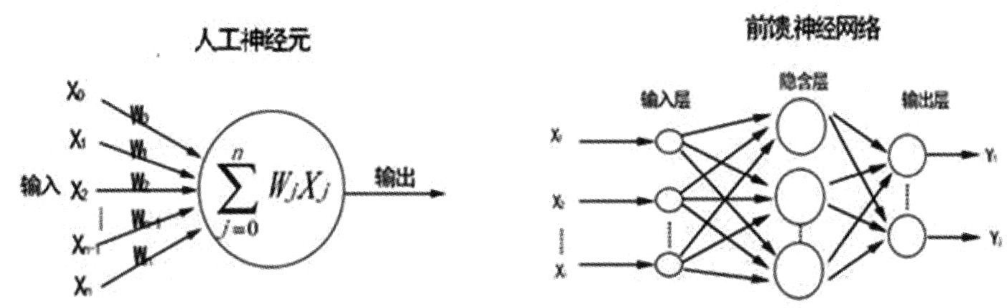

图 2.4 人工神经元和前馈神经网络

与传统人工神经网络相比，利奥的神经网络在设计上有如下特点：

（1）神经元的种类不止一种

技术团队为利奥设计了不同种类的神经元，功能不尽相同。有一类神经元主要起到乐高积木块的作用，它们不再单纯成为网络中的节点，其被赋予了不同的身份编码用来代表不同的感觉。还有一类神经元用来表达抽象的信息，它们可以被认为是乐高积木组合后的结果。再有一类神经元专门用来激发动作，被作者命名为“动作激发神经元”，它们可以被认为是系统的输出。

（2）神经元的活跃状态不止一种

技术团队对利奥神经网络的设计方案，等效于将同一个神经元[①]赋予了三种不同的活跃状态：回忆状态、现实状态、预测状态。下面作者将通过例子来说明上述状态区分的意义。假如你有幸参加了第 88 届奥斯卡金像奖的颁奖典礼。当你看到莱昂纳多·迪卡普里奥凭借《荒野猎人》获得最佳男主角上台领奖时，你大脑中用来表示莱昂纳多的那组神经元被激活了，我们将这类活跃记作现实状态。其实在莱昂纳多上台前，你就迫不及待的想象着偶像捧杯的风采，代表莱昂纳多的那组神经元因为大脑的预测行为被激活了，我们将这类活跃记作预测状态。典礼过后你向朋友炫耀你在典礼上的见闻，讲到颁奖的环节时，代表莱昂纳多的那组神经元因为回忆再次被激活，我们将这类活跃记作回忆状态。虽然大脑中神经元的现实工作状态并非就如上述假设，但作者认为大脑中神经元所展现出的功能和上述假设是相似的。否则对于同一个对象的活跃，人们将难以区分它是代表过去的回忆、当前的感受还是未来的预知。

（3）神经元之间的连接不止一种

利奥的神经元之间的连接不止一种类型，有传递激励信号的连接，也有单独传递抑制信号的连接。和传统人工神经网络中的连接的负数权值不同，单独的抑制连接会使得抑制信号在利奥的神经网络中广泛的传播。这样设计的优点是：利奥在懂得什么该做的同时，还能懂得什么不该做。举个例子，如果一个人面前摆放着《白雪公主》故事中的毒苹果，他会怎么做呢？他很可能不加理睬地走开了。按传统人工神经网络的表示方法，当你走开的瞬间只有和行走相联系的动作激发神经元的输出为 1，其他的动作激发神经元输出皆为 0，这使得行走之外的其他动作之间缺乏区分。但对于人来说，此时与吃（苹果）想联系的动作激发神经元的状态是有别于其他动作激发神经元的。

① 神经网络中的多数神经元被做此设计，并非所有的神经元。

因为危险的缘故，吃（苹果）的动作会被强烈的抑制。抑制信号的独立传播，能够有效的避免利奥在学习过后只知道什么该做却不懂得什么不该做。而预先知道什么不该做，往往才是智能生命在自然界中立足的关键。

（4）神经网络的结构是动态的

传统的人工神经网络通常在建立之初便会固定层数、节点数、连接分布。一旦网络结构确立，在运行过程中可以改变的只有连接的权值，甚至很多培训好的网络在应用时权值也是固定不变的。与传统的人工神经网络不同，利奥的神经网络的结构是动态的。

首先，利奥的神经网络虽然带有层次，但不像传统人工神经网络那样具有界限分明的层。

其次，利奥的神经元之间可以生成新的连接，同时既有的连接也可能退化消失。

再次，利奥神经网络的连接的权值调整以自然统计[①]为基础，遵循着用进废退的生物法则，这和传统人工神经网络常用的调权方法（如梯度下降法）有所不同。以自然统计为基础的调权方法类似于赫布学习法则，经常关联的神经元之间的连接会得到加强；同时，那些不常被使用的连接会随时间流逝而强度减弱。在处理单一对象或处理单一过程时，传统的调权方法已被证明是高质高效的。但如果用同一个网络系统处理不止一事也不止一时，那么自然统计的调权方法更具有普适意义。依靠自然统计的方法，系统可以有效地积累“经验”。经验其实就是某种类型的因果关系，它在很大程度上是自然统计的产物。对于同一个网络，如果仅仅为了处理好一件事情就“调权”调到牺牲了之前积累的其它种类的经验，那么在处理另一件事情时便摆脱不了“人生豪迈，大不了从头再来”的窘况。

---

① 自然统计是指：对于环境中的对象，大脑按其出现或发生的实际情况进行的统计。前文所述大脑所做的针对环境中对象的“同时出现”和“顺序发生”的统计就是自然统计。

2.5 记忆

记忆是人脑对过往发生事物的记录、保持和再现。记忆结果和统计结果在某种程度上都可以被认为是大脑存储的经验数据。人在遇到问题时所采取的解决方案，一些较为依赖统计结果，一些则依赖于记忆结果，还有一些同时依赖于两者。统计结果更适合应对具有普遍性的问题，而记忆结果则适合应对特定性的问题。

人们通过不同的角度对记忆进行了分类。比如，根据信息保持的时间长短不同将记忆分为瞬时记忆、短时记忆和长时记忆；根据内容的不同将记忆分为形象记忆、抽象记忆、情绪记忆和动作记忆；根据再现模式的不同将记忆分为陈述性记忆和程序性记忆。

本节中我们着重讨论陈述性记忆和程序性记忆。陈述性记忆主要指人对过往经历及生活情景的记忆，其特点是被记忆的内容可以通过语言的陈述加以再现。程序性记忆是指如何做事情的记忆，其特点是记忆结果通常难以用语言来描述，如系鞋带、弹钢琴、骑车等习得性动作的记忆。

与“建模”和“统计”一样，利奥的记忆是运行在神经网络中的。通过对它的设计，作者收获了一些感悟，陈述如下：

（1）严格意义上讲，程序性记忆并非是记忆，而是统计。

按照人们通常意义上的理解，记忆是对过往信息的较为忠实的存储，记忆信息就犹如一段历史的录像，当通过某种方式再现这段录像时，再现内容应能准确的反应历史的情况。按照这种理解，陈述性记忆指的是记忆，它是大脑对特定经历的忠实的信息记录；而程序性记忆并非是记忆，它在很大程度上是大脑对重复性经历的信息统计。医学结论显示，程序性记忆和陈述性记忆使用于不同的脑部区域，并且可以各自独立运作。这从侧面表明它们很可能是大脑不同种类的工作模式。接下来就让我们看一下医学史上著名的亨利·莫莱森的病例。

亨利早年一直被癫痫病困扰，因此他在二十七岁接受了“脑叶切除术”。

手术后的亨利，癫痫病大为好转，但却因为脑部的创伤患上了严重的失忆症。他对眼前任何事件的记忆都只能持续几分钟甚至更短的时间，一旦注意力被转移到其他事情上去，他立刻就忘掉先前的那件事。与无法记得眼下生活里的事情相反，亨利对童年的记忆非常正常。他知道父母是谁，家乡在哪里，他记得小时候全家人去度假，他记得因为父亲来自南方，所以不习惯过圣诞节。此外，他智商 112，逻辑推理与语言会话能力一切正常。亨利也困惑于自己的改变，他告诉研究人员："我像突然惊醒在一场梦里……我的每一个日子都是单独的，与另一日毫无关联。"

六十年代，研究人员通过一系列设计精巧的实验展示了一个令人惊异的事实：在失忆的亨利脑中，某一些记忆功能，却被保留了下来。研究人员尝试这么一项任务：她给了亨利一支铅笔，一张画着双线五角星的纸片，让他沿着五角星的轮廓，在双线间再画出一个五角星来。可是，在整个过程里，亨利面前的一个挡板遮住他的视线，使得他无法看见这张画片上的五角星，只能通过一面镜子中的影像来完成任务。由于镜像左右颠倒，亨利最开始画得歪歪斜斜，完全无法直线行笔，但是经过好几天的重复，亨利的表现大为提高，到最后，他完全可以对着镜子，流畅地画出五角星来。他学习的速度虽然比正常人稍慢，可是毕竟能够学会，而且学会后却并不比别人忘得快 —— 在一年之后，他依然可以较为流畅地完成这一项任务。自然，亨利全然不记得自己曾经反复做过这件事，每次画画，对他都是崭新的经历。甚至某一次，当他流畅地画出五角星时，他惊讶地说："这么简单？我还以为会很困难呢！"

记不住任何事件的亨利，却能通过训练，学到动手操作上的新技能。这使得研究人员意识到，在有关事件陈述性记忆之外，还有别的记忆可以生成。作者的观点是这种所谓的别的记忆并非源自记忆系统，它在很大程度上是信息统计的结果。请读者注意，投入运行后的利奥，正是基于统计的信息处理方式，才学会了动作性的技能。

（2）人脑记忆信息的存储与再现采用了不同的数据格式。

如果把记忆信息的存储过程比喻为录像，那么记忆信息的再现过程就是字幕回放（请注意不是录像回放）。想象一下如下的场景：你二十岁的生日宴，女友漂洋过海来看你，唱歌吹蜡烛的场面充满温馨，为了留住美好的时光，你录下了一段视频。多年后的一天你分别通过两种方式再现曾经：选择视频播放，女友的音容笑貌如旧，过往信息的内容和格式都得到了很好的再现；选择记忆重温，女友的影像仿佛若见却看不见，女友的声音仿佛若闻却听不到，这和人在梦境中所具有的视觉听觉体验很是不同。通过回忆，无论你多努力脑海里也无法呈现出过往的影像和声音，大脑真正让你感受到的多是符号形式的语言信息。

为什么人在回忆往事时大脑不让我们“看见”和“听见”记忆，而只是让我们“读到”记忆？作者认为其中的一个原因是由于大自然为了不让人的记忆感受和现实感受发生冲突，因而只允许来自现实环境的输入信号使用脑海中与视听相关的感觉通道。

（3）感觉信息是形成记忆的唯一信息来源。

作者认为：感觉信息只是大脑所处理信息种类中的一种，但它却是形成记忆的唯一信息来源。看到的朝霞，触到的晨露，听到的鸟语，闻到的花香；伏特加酒入胃的灼痛，雪融于掌心的冰凉；跳探戈舞时身体的扭转，打字时手指的弹动。这些信息内容来自于视觉、触觉、听觉、嗅觉、动作觉……，它们都可以被大脑记忆，其共性就是都属于感觉信息。还有一些信息内容也可以被大脑记忆，如：钻戒遗失后的沮丧心境，年底双薪时的喜悦心情；当下想要周游世界的念头，儿时要成为科学家的梦想。作者认为这些可被记忆的心情或想法在本质上也是感觉信息，但这个话题此处仅埋下伏笔，我们会在后面的章节中讨论。

2.6 情感

从本节开始我们将接触和决策相关的话题。在此之前，让我们对前面已经完成的工作做个总结，回顾一下利奥在设计上实现了哪些功能，并由此判断对于决策而言利奥在功能上还有什么欠缺?

目前利奥已经实现的功能如下:

利奥通过感官能够对环境进行识别。包括识别环境中有哪些具体对象，对象的空间信息如何，对象的状态怎样随时间变化。当然，利奥自身也是环境中的对象之一，“我”也在被识别之列。

通过把感觉体验物质化、单元化、结构化，利奥用感官感觉搭建出了关于世界的模型。作为世界模型的一部分，在大脑中“我”也被建模。

环境中对象的“同时出现”和“顺序发生”，一方面被利奥的大脑记录形成记忆，一方面被大脑统计形成因果关系。其中，“我”的“动作-结果”的统计也成为因果关系的一部分。基于统计和记忆，利奥大脑中的世界模型实现了动态化。

由以上功能作基础，利奥要实现决策还欠缺其他功能吗?作者的回答是欠缺，欠缺情感功能。

2.6.1 情感问题的系列疑问

关于情感，很难为它找出一个确切的定义，心理学家还有哲学家为此已经辩论了一个多世纪，特别当涉及情感和情绪的界限问题时尤为激烈。本书中所说的情感范围比较宽泛，相当于传统的情感和情绪的统称，包括喜悦、悲伤、愤怒、惊讶、厌恶、喜爱等等。

为了让读者能够认识到情感对于决策的意义，请读者随着作者思考下面一系列与情感有关的问题并试着找出答案。

(1)冷热酸甜是感受体验，喜怒哀乐也是感受体验，情感可以像感官感受那样被归类为感觉的一种吗?

(2)情感是人类特有的吗?换句话说，同是生命的成员，动物有情感吗?植物有情感吗?如果情感是生命形式所具有的普遍机制，那么情感机制对于生命系统的作用是什么?

(3)对于智能而言，情感是必需品还是累赘?如果情感是智能的必需品，那么它的意义何在？如果情感是智能的累赘，那么要如何做才能克服它的负面影响？

2.6.2 情感本质上也是感觉

第一个问题涉及感觉的内容和分类，传统上人们主要依据身体上接收信号的传感器（即感官）的不同把感觉信息进行分类。这些信号有的来自于外部环境，如视觉、听觉、触觉、嗅觉、味觉，称为外部感觉；有的来自于身体内部，如运动觉、平衡觉、内脏感觉，称为内部感觉。这些感觉的共同特征之一是有对应的感官，视觉对应眼睛、听觉对应耳朵、触觉对应皮肤、嗅觉对应鼻子、味觉对应口、运动觉对应肢体、平衡觉对应内耳和前庭、内脏感觉对应心肝脾肺肾。而喜怒哀乐这样的情感体验似乎并不发源于具体的感官，因此显得抽象。这种差异或许是人们未将情感体验归类为感觉的原因之一。

作者的观点与传统观点不同，作者认为情感体验和感官感觉没有本质上的区别。首先，从大脑处理信息的角度看，感官只是接收信息的工具，相比信息本身地位有限。况且，我们完全可以假想在大脑中存在一类传感器专门

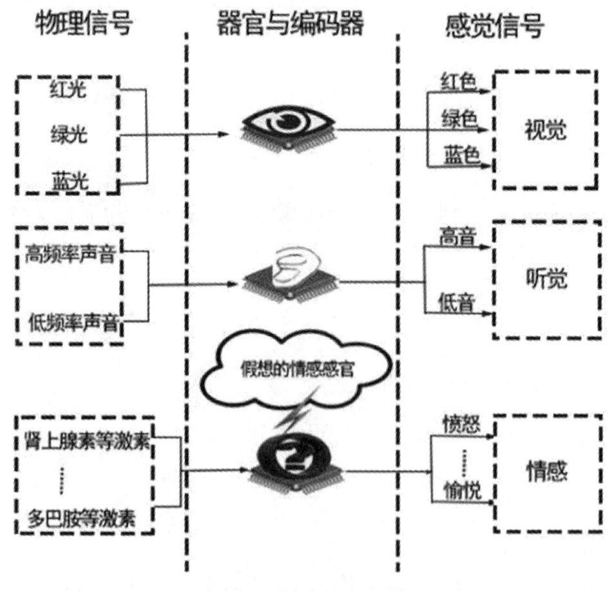

图 2.5 假想的情感感官

负责接收与情感体验相关的信息，只是这类传感器的存在我们感受不到而已（参见图 2.5）。因此作者认为：是否存在对应的感官不宜作为感觉的判定标准。

此外作者还想指出，现实中人们过分地强调了情感体验和感官感觉的差异而忽略了它们之间的相似性，它们之间的相似性才是令人惊讶的。我们可以把人体比作是一台机器，这台机器在运转过程中会产生海量的信息，其中仅有部分信息被筛选出来传送给大脑；而这些传送给大脑的信息中，又只有一部分是具有可感受性质的。情感体验和感官感觉刚好都在可感受性之列。可感受性在学术上被称为感质（qualia），作者用一个通俗的词来形容它：知道。感官感觉也好，情感体验也好，都属于“知道”的范畴。

为了让读者清楚地理解什么是“知道”，作者列举一个属于“不知道”的例子 — 瞳孔反射现象，以便读者可以对比着理解。瞳孔反射是神经反应之一，瞳孔在自然光线下直径平均为 2.5 毫米 –4 毫米，它在亮光处缩小，在暗光处扩大。人眼中有两种细小的肌肉，一种叫瞳孔括约肌，它主管瞳孔的缩小，受副交感神经支配；另一种叫瞳孔开大肌，主管瞳孔的扩大，受交感神经支配。这两条肌肉相互协调，一张一缩，使眼睛适应不同的光线环境。瞳孔反射虽然受神经系统控制，却是无感受体验的，是人所“不知道”的。这和人在强光下条件反射式的闭眼不同，人对于眼皮的闭合是有感受体验的，是“知道”的。

“知道”是本书中一个重要的概念，为了能充分的体现它的意义，也为了叙述方便，作者将神经系统中传输“知道”信息的那部分系统称呼为“认知系统”，认知系统负责调控感觉信号。

基于上述分析，同时鉴于人对于喜怒哀乐是有感受体验的、是“知道”的，因而作者把情感体验归类为感觉。从另一个角度看，之前作者曾提出过这样的观点“感觉信息是形成记忆的唯一信息来源”，而情感体验确实是能够被人们记忆的（读者可以对比瞳孔反射，瞳孔反射是无感受体验的，不属于感觉，因而无法被记忆）。如此，依照感觉就是电信号的假设，情感感觉被物质化。很快读者将看到，情感感觉的物质化成为利奥迈向智能的又一大步。

2.6.3 情感机制的评估作用

对于本节开头提出的第二个问题，作者试图从进化的角度入手分析。人类是进化而来的观点如今已被科学界广泛的接受，这个观点同时意味着人类所携带的情感机制，必然也如人体一样经历了从简单到复杂、从低级到高级的演进过程。我们有理由认为距今 5.6 亿年前的寒武纪就出现的三叶虫并不像今天的人类一样多愁善感。从无机物到有机物，从单细胞生物到多细胞生物，从爬行类动物到哺乳类动物，在人类生命漫长的进化过程中，我们无法想象爱这种复杂的情感是某一天突然出现的。因此作者认为：今天对人类来说复杂难懂的情感，是在历史长河中从原始形态一步步演化成今天这个样子的。情感机制在远祖生命身上应该有着某种简单而朴素的表达，并且一直以来这种表达被不同的物种继承并发展。

我们刚刚谈过相似性的话题，作者希望读者能接受这样一种思想：大千世界，形态万千，如有雷同，基本上不会是巧合。一百多年前的达尔文在研究软体动物时也曾花费大量时间来寻找物种之间的细微差别，但他最终醒悟了，并发出了这样的感叹：所有这些物种竟然如此相似！真正令人惊讶和感兴趣的不是物种之间的差别，而是它们的相似性。

基于上述讨论作者认为，在是否拥有情感的问题上，那种把人类完全区别于其他生命形式的做法是不谦虚的。总是乐于把自身放在独一无二的位置上去看待，这和前人把地球作为宇宙中心的思想体系没有本质的区别。同是远祖生命的后代，同是生物界的成员，同是进化的产物，我们不该问为什么人类有情感而其他生命形式没有？而是应该问既然情感机制是生命形式所具有的普遍机制，那么情感机制对于生命系统的作用是什么？人类、动物、植物三者的情感机制有什么异同？是否是它们之间的差异导致了人类的情感显而易见而植物的“情感”难以察觉？下面让我们一同去回顾控制论专家威廉姆·罗斯·艾什比在《大脑设计》一书中所阐述的观点，希望可以得到一些启示。

艾什比基于控制理论，从功能性的角度出发揭示了生命系统中广泛存在着的自动调节机制。艾什比将它们归纳成为一点，有些干扰使生命系统的某个基本变量超出它的正常限度，而大自然赋予生命系统相应的机制来抵制这种干扰，从而使基本变量可以保持在一定的范围之内。这正是自动控制系统的特点：寻求稳态。

为了让读者能够透过上述自动调节机制延伸出关于情感作用的思考，作者首先列举了例子组（一），涉及植物与人体植物神经系统[①]中存在的自动调节机制。在简要分析了它们的特点之后作者列举了例子组（二），涉及人与动物的认知系统背后所存在的自动调节机制。最后作者通过对比分析两组例子试图揭示出：情感机制是生命形式所具有的普遍机制，情感机制对生命系统的运行起到了评估作用。具体而言，生命系统中广泛存在着自动调节机制，它们确保了生命的基本生理指标可以运行在一定的范围之内。对于植物和人体植物神经系统，生理指标的调节方法被大自然所固化；对于高等生命系统，某些生理指标的调节方法被大自然设计成开放式，情感机制的评估作用可以帮助生命体获取适宜的调节方案。

组（一）中的第一个例子是关于人体血液中含糖量的调节。人体中存在一组机制使得血液中的葡萄糖浓度保持在某种限度之内，这种浓度不能低于0.06%，否则组织就会因为它们的主要能源匮乏而饿死；这种浓度也不能超过0.18%，否则就会产生其他不合需要的后果。如果血液中的葡萄糖浓度过低，肾上腺会在交感神经调控下分泌肾上腺素，这会使肝将贮存的糖原变成葡萄糖，这些葡萄糖进入血液中就能制止它的含量降低。如果血液中的葡萄糖浓度过高，胰腺会在副交感神经的作用下增加胰岛素的分泌，从而导致肝将葡萄糖从血液中取走。在正常情况下，植物神经系统中的交感和副交感神经彼此协调、相互制约，平衡着人体血液中的葡萄糖浓度。

组（一）中的第二个例子是关于植物体内含水量的调节。水是植物体的重要组成成分。植物鲜重的 70% ~ 90% 是水。在正常的土壤环境下，当植物

---

① 植物神经系统也称自律神经系统，是一个自主控制系统，控制着人体的应激及应急反应。如心脏搏动呼吸、消化、血压、新陈代谢等，前面所说的瞳孔反射也是由植物神经系统控制的。

缺水时，植物体内的水势[1]低于土壤中的水势，根部从土壤中吸水的能力增强；同时，缺水会导致叶片上的气孔关闭，致使蒸腾作用[2]减弱从而降低水分的丧失。反之，当植物体内的含水量超标时，根部和叶片起到的作用相反。植物没有神经系统，植物体内水分的平衡是通过植物细胞的物理和化学变化调节的。

从自动控制理论的角度看，大自然为每一种生命形式都选择了众多的生理指标做基本变量，并以维生为标准给基本变量的数值做了“好”与“坏”的标识。若基本变量的数值位于“坏”的范围内，系统失衡并通过反馈向“好”的方向调整；若基本变量的数值位于“好”的范围内，系统呈现稳态。今天人们所见的生命形式都已打上了二十亿年物竞天择、适者生存的烙印，当人们研究情感机制时，人们实际上还是在研究物种维持生存的机制。为了让读者能够清楚地认识到情感机制对生命系统起到的评估作用，作者进一步列举了例子组（二）。

组（二）中的第一个例子是莫勒做过的一个实验，他把老鼠放到下面铺着金属格栅的箱子中。格栅是可以通电的，他会给老鼠爪子以电击。在箱子中还有一块踏板，只要一踩它就立即停止电击。当老鼠进入箱子并开始电击时，老鼠做出各式各样的盲目动作，如跳、跑、尖叫、咬格栅等等。或迟或早它踩到踏板停止了电击。经过多次尝试以后，一旦有电击，老鼠会直奔踏板去踩它。

组（二）中的第二个例子是作者假想的例子。想象一下当你工作了一天又被迫加班的情形，身体的一系列生理指标都处于能量匮乏的状态，这时身体通过感觉向大脑求援 — 饿了。于是你点了一份至尊海鲜披萨外卖。在一顿风卷残云之后，刚才处于能量匮乏状态的那些生理指标又恢复到了正常值，

---

① 水势在植物生理学上常用来表示单位体积内水的自由能差。水总是由高自由能区向低自由能区移动。

② 蒸腾作用是水分从活的植物体表面（主要是叶子）以水蒸气状态散失到大气中的过程。与物理学的蒸发过程不同，蒸腾作用是一种复杂的生理过程，不仅受外界环境条件的影响，而且还受植物本身的调节和控制。

此时身体提示给大脑一组新的感觉 —饱了，同时还伴有享用美味之后的愉悦感。不巧的是，你新交的女朋友不知道你已经叫了外卖，风尘仆仆地给你送来了自制的爱心便当。出于礼貌，你没声张刚刚的饱餐，当着她的面儿又神情美美地消灭了鳗鱼盖饭和海苔寿司，临了还笑着赞她温柔如水。而胃胀所引发的不舒服的感觉却持续向你的大脑发出抗议，这使你赞美女友时的笑容看起来略显浮夸，让人误以为你是被如水的温柔迷了心智。

与例子组（一）有所不同，例子组（二）展示的是认知系统控制下的生理指标的调节过程。先来看组（二）的第一个例子，当老鼠被电击后，一组生理指标偏离平衡态，生理指标的偏离老鼠并不知道，但这组生理指标的偏离使老鼠大脑接收到了刺痛的感觉。刺痛的感觉激发老鼠做出各种盲目动作，当老鼠踩到踏板时电击停止，这时各项偏离的生理指标向平衡态恢复。这些指标的恢复老鼠依旧不知道，但指标的恢复使老鼠刺痛的感觉消失。同时，生理指标的恢复促使多巴胺的分泌增加，老鼠体验到了一种舒适的感觉（想象一下自己大病初愈时的感受）。舒适感作为一种带有鼓励意味的反馈，对踩踏板的行为起到了正向评估作用。在经过几番尝试后，认知系统发挥的统计功能把“刺痛感—踩踏板—刺痛感消失—舒适感”一连串的变化建立起比较稳定的联系。再一旦有电击刺痛发生，踩踏板这个动作直接被激活。从组（二）的第一个例子可以看出，在认知系统的调控下情感机制使老鼠的行为表现出了适应性。

组（二）中，第二个例子的前半部分和第一个例子情况相似，“饿的感觉—吃的行为—饱的感觉—愉悦感”背后仍然存在一组生理指标的调节过程。例子的后半部分“饱的感觉—吃的行为—胃胀和不舒服的感觉”所展示的，是惩罚性反馈起到负向评估作用的情况。但例子中的主人公却迎难而上，是情感的多个评估指标冲突的缘故，这个话题我们后续会谈到。

医学研究表明，当人或动物获得奖励时大脑中多巴胺的分泌量增加。多巴胺是一种神经递质，能将兴奋的信息传递。事实上，多巴胺的分泌大脑并“不知道”，大脑“知道”的是多巴胺分泌所带来的感觉 — 喜悦。如此说来，我们可以这样定义情感（感觉），它是大自然为高等生命形式所设计的，对生命系统的适应性行为起评估作用的感觉信号。如例子组（二）里所描述的舒适感、愉悦感、不舒服的感觉。对于高等生命系统来说，大自然将某些生理指标的调节方案设计为开放式，正是基于此，高等生命才在情感机制的评估功能的作用下产生出适应性的行为。

在组（一）的植物与人体植物神经系统的例子中，情感（感觉）的身影似乎难以得见。但如果人们不只着眼于感觉信号，而是把目光放宽到生理指标的自动调节过程中，那么人们就可以找到那把起评估作用的尺子了。事实上，无论是植物体内的物理和化学变化，还是人体内植物神经系统的运行，相关生理指标的调节方案都被大自然所固化，此种情况下对生命系统起评估作用的“情感机制”犹如是隐形的，它默默地规范着生理指标的运行范围。

对人类而言，大自然的魅力之处在于一方面建立起了基本生理指标和感觉之间的联系（当生理指标的数值偏离一定的范围时大脑会接收到感觉信号，如疼痛、刺眼、刺耳、饿、渴、冷等），一方面大自然赋予人类以动作和环境做交互（其中某些交互行为能够促使生理指标靠近平衡态）；同时大自然给人体加载了评估系统（即情感机制），使得那些有益的交互行为可以被挑选出来。因此，拥有认知系统的人类和那些调节机制完全固化的生命形式相比，能更灵活的适应环境并具备一定的学习能力。此外，人类的情感机制还发挥着发动机的功能，它导致了人类“目的性”的行为的产生，这个话题我们会在后面讨论。综上，作者对“情感只是生命进化的副产品，真正的智能机器人可以不受情感干扰因而在决策时会表现得更为出色”的观点持相反意见。作者认为对于像人类这样的通用型的“机器”，情感机制无疑是智能的核心组件之一，它能够为人的决策行为指明方向。这也是作者对本节开篇提出的第三个问题的回答。

对于情感机制的理解，作者深受梁冰和仇德辉②两位学者的哲学观点的影响。梁冰认为：“任何以自身的生存和发展为目的的个体都可以称之为生命，情感系统就是生命体的评估系统。当某种行为有利于生命体自身的生存和发展时，情感系统给予奖励；反之情感系统给予惩罚。以人为例，人对于任何事件的评价归根结底都是围绕自身的生存和发展进行的，这种评价本身即表现为正向或负向的情感。”仇德辉认为：“真正的智能不应局限于认知，而应包括认知、情感、意志三个部分。认知解决是什么，情感解决应如何，意志解决怎么办。人首先要了解各种事物的事实关系，其次要判断这些事物对于人的价值，最后要选择、组织和实施一个最佳的行动方案。第一步由认知活动来完成，第二步由情感活动来完成，第三步由意志活动来完成。因此从认知到情感，再从情感到意志，是一条基本的、不可分割的人类自控行为的流水线。”

然而，梁冰和仇德辉两位学者对情感的解释均涉及了人对价值标准的主观判断，比如“以生存和发展为目的”“判断这些事物对于人的价值”。在这个问题上作者与两位学者持不同意见，作者认为：对于一切生命形式，情感机制所涉及的价值标准都是客观的，不包含任何主观成分。随着本书后续讨论的深入读者们将会发现，即便是人们通常所说的“主观目的性”其本质也是客观的。

2.6.4 强化学习模型

强化学习是人工智能领域中机器学习的一种方法。它从控制理论、神经生物学、心理学等相关学科发展而来，最早可以追溯到巴普洛夫的条件反射实验。马戏团的海豹学习钻火圈就是典型的强化学习的例子，当海豹做出正确的动作，饲养员给予食物以作奖励；当海豹做出错误的动作，饲养员给予敲击以示惩罚。经过反复训练，海豹便能够学会正确的反应动作。

强化学习是智能体（Agent）模型最常用的学习手段，智能体通过传感器感知环境，并通过执行器对环境施加影响，变化了的环境反过来又影响着智能体。在强化学习模型中，由环境和智能体组成的系统在广义上可以被视为是一个反馈系统，智能体在与动态环境的交互过程中，利用反馈信息（奖励值）对所采取的动作进行评估，从而使优良行为得到强化（见图 2.6）。强化学习模型的数学本质是一个马尔可夫决策过程，决策的最终目的是使得整体回报函数的数学期望值最大（感兴趣的读者请自行了解相关内容）。作者的观点是：上述回报函数的作用就可以被认为是对情感机制的评估作用的近似模拟。

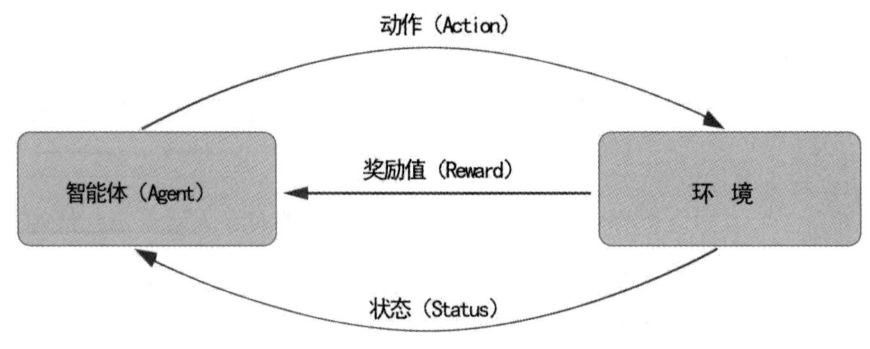

图 2.6 强化学习模型

强化学习模型如今发展出一些新的种类，如 Q- 学习模型。Q- 学习模型能够提升智能体（Agent）在非监督条件下的机器学习水平。这其中比较有代表性的作品是 DeepMind 团队在 2013 年 12 月所展示的一款具有自主学习能力的游戏操作程序。这款程序在任天堂模拟机上玩了 7 个 Atari 2600 的游戏，在其中 3 个游戏里面的表现超过了人类专业玩家。今天的 DeepMind 团队已声名远播，他们的又一力作 AlphaGo 在 2016 年前后连续击败人类围棋大师，成为人工智能发展史上的里程碑事件。

强化学习模型所应用的马尔可夫决策方法，虽然可以使动态环境中的智能体在一定程度上实现无监督条件下的自主学习，然而和人类的决策形式相比马尔可夫决策至少存在以下两项短板。

其一，回报函数所涵盖的评估指标单一，因此马尔可夫决策比较适合处理规则简单的模型问题。以能够自主学习象棋的程序为例，马尔可夫决策的回报函数通常会如下设置：取得最终胜利得 100 分，失败得 -100 分。过程中吃掉对方棋子得正分，比如吃掉车得 5 分，吃掉兵得 1 分；过程中被对手吃掉棋子得负分，比如被吃掉车得 –5 分，被吃掉兵得 –1 分。自主程序的走棋策略是使得预期的累计得分最高。在这个例子中，无论是获得最终胜利还是过程中吃掉对方棋子取得局部优势，评估标准都在一个维度上。什么叫一个维度呢？让我们对比一下现实中多个维度的例子。一个身着单衣的极限探险者走失在北欧的森林里，深秋的夜晚他感到又冷又饿。冷和饿就代表了两个不同的维度，这两种指标无法相互替代，不能归结到一起，用数学语言描述就是指不可通约的参数。也就是说，即便给这个人穿上羽绒服也不能解决他饥饿的痛苦；就算吃了满汉全席他依旧会渴望一件保暖大衣。对于像人这样自适应的系统，正因为具备了多维度的评估标准所以才能应对复杂环境。当大脑面临多个评估指标的冲突时，它会依据分时处理的原则优先处理重要指标（指标权重是大自然设计好的）。这样的处理方式使得人的情感表现出层次：胃里还有存食而冷得要命，人必会先行保暖；冷尚且扛得住却饿得要命，觅食定是首选。正是由于情感的多样性和情感之间良好的协调性，人类才比其他的生命形式更显智能。前面例子中那个为博女友欢心敢于一吃到底的小伙子，其行为就是不止一种情感因素作用的结果。

其二，马尔可夫决策过程是数学意义上的最优规划，但在面对复杂环境时，最优规划既缺乏可行性又缺乏效率。自然环境就属于复杂环境，环境中的信息量是爆炸性的，信息之间又存在普遍联系，这样的情况下最优规划几乎无法进行。即便是某些简单的情形，最优规划也会因为计算资源的有限性而导致决策效率低下。反观人类的决策过程，人们往往能忽略掉细枝末节、抓住主要矛盾从而迅速作出决策。决策结果虽然不是数学上的最优，但也不失为数学上的较优。因此，从决策的效果、效率、可行性等角度综合考量，人类决策比最优规划更优质。人类善于把握主要矛盾在很大程度上依赖于前文所说的情感之间良好的协调性。所谓协调性，其实就是大自然为评估指标冲突设计的解决机制，这套机制和人类的注意机制密切相关。环境中的信息量通常都会超出大脑所能处理信息量的极限，大脑采取的办法是优先处理那些和生存最相关的信息，这就是为什么人在饥寒交迫的时候顾不上去花前月下。

对于另外一些情况，午餐是吃肯德基还是麦当劳，周末消遣是去商场血拼还是宅在家里追剧，参加晚宴是穿新买的黑色晚礼服还是穿雪藏的宝石蓝套装，最优规划会显得无能为力，而人类却因为拥有兴趣偏好、一时冲动、喜新厌旧等情感因素特点，在面临类似的情况时易于决策。

2.6.5 利奥情感机制的设计特点

技术团队为利奥设计了多维度的、协作运转的情感机制。之前所打造的神经网络成为利奥情感机制发挥作用的舞台。针对同一维度的评估指标，情感机制的奖励和惩罚功能各自起作用，奖励功能负责激发激励信号，惩罚功能负责激发抑制信号。以上设计特点使得利奥在复杂环境中表现出了较强的适应能力。

2.7 决策

随着情感机制的引入，利奥已能实施一些简单的决策行为。但和人类的决策相比，利奥还存在着本质性的差距。具体表现为：一、决策结果只体现在动作上，不像人类那样可以体现在思想上，而思想上的信息流才能做到逻辑连贯、方案易于调整。二、利奥的决策行为是被动的、条件反射式的，而人类的决策具有主动性和预见性。“我想要吃蛋糕”这种带有目的性对人类来说简单至极的想法，对目前的利奥而言却是难以实现的。为了弥补利奥在决策方面的功能缺失，作者着手设计自由意志[①]机制。

在此作者有必要说明为什么求助于自由意志。前文说过，对于像利奥这样通用型的系统，我们可以为他添加机制，但没法为他添加知识。因此目前的利奥和指令型的机器人相比，决策行为的专业性尤显不足。以做“可乐鸡翅”这道菜为例，对于指令型机器人，人们只要把做菜流程设置好，它便可

① 自由意志（Free will）是哲学里面的一个专业概念，理解为意识选择做什么的决定，也就是意志的主动性。

以按部就班地做出“可乐鸡翅”。如果换作由利奥来做这道菜，难度陡然提升。因为对于利奥来说可乐和鸡翅都是陌生知识，需要他在后天认知，所以设计者无法预先将“可乐鸡翅”的做菜流程以程序的方式植入给利奥。在不能为利奥定义知识而只能为其设计机制的情况下，想要提高利奥的决策水平，设计者能做的似乎有限，如果像学者仇德辉所主张的那样“认知解决是什么，情感解决应如何，意志解决怎么办”，那么为利奥设计自由意志机制可能是个好选择。

2.7.1 自由意志话题

对于自由意志是否存在这个问题，人们的争论从来没有停止过。一种观点是决定论，主张世界严格按照因果规律运行是确定性的，自由意志不存在它只是人的错觉。一种观点拒绝接受决定论，认为自由意志是真实存在的。他们主张世界的运行本质上是随机的、概率式的，微观运动的统计结果就表现为宏观世界的因果现象。而兼容论者既接受决定论，又保留自由意志。[5]

作者没有停留于人们的争论，而是直接尝试用自由意志机制去武装利奥，期望他的决策效果会变得与人接近。为了与目前已搭建好的系统相适应，拟引入的自由意志机制应当是自动化运行的。在三个月的时间里，作者尝试了多种方案，最后的结果总是陷入两种艰难的境地。

作者陷入的第一种境地在哲学上被称作笛卡尔剧场。笛卡尔剧场可以作如下描述：大脑好比是一个思维的剧场，剧场里面住着一个观众叫做“我”，大脑里的各种信息最终都汇聚在剧场的舞台上，“我”在欣赏之余通过自由意志为大脑做决策（见图 2.7）。笛卡尔剧场的矛盾在于这个叫“我”的观众是怎么做决策的呢？答案只能是“我”的大脑中还住着一个“我”。问题循环往复，因此变得无解。

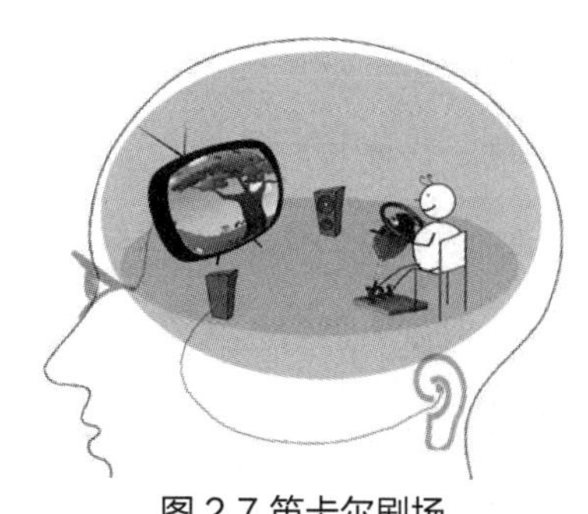

图 2.7 笛卡尔剧场

作者陷入的第二种境地和“自由”的数学化有关。鉴于自由意志机制的设计是以“自由”的数学化为前提的，而用数学语言描述“自由”，作者想到的唯一方法就是随机。在这种情况下，大脑中活跃的、与决策相关的素材信息在一定程度上被随机的选择和组织，形成的信息流我们就当它是意志。第二种境地的表现结果是利奥行为失常，即使在随机过程中只有少量信息脱离了因果关系的束缚。原因可以想象，发挥司令部作用的决策机制位于智能金字塔的顶端，顶端出现的一点差错传递到底端时都会被放大。这就好比在大公司里，一个员工犯错误对公司的影响也许不大，但如果总经理只是靠掷骰子做决定，那么公司的前景就堪忧了。

利奥的决策问题困扰了作者许久，直到有一天作者选择放弃了自由意志的执念，情况才开始好转。在讲述如何脱困之前，让我们重新讨论一下自由意志是否存在这个话题。需要说明的是，在接下来的讨论中我们暂不考虑微观粒子的不确定性问题，作者会在本书的番外篇《物质与弹性时空》里对相关内容详加论述。

就像之前分析情感机制那样，作者从进化的视角审视自由意志。有一点差异需要指出，如果粗略地将情感机制分为原始形态、初级形态、高级形态，那么各形态之间不会有明显的界限。自由意志则不同，自由意志和物理上的决定论是相对的，一个系统哪怕只有一丁点“自由”的成分，就意味着这个系统不是百分之百按照确定的因果规律运行的，那么它就是非决定性质的。所以“自由”在物理层面具有明显的界限，一个系统要么是决定性质的，要么是“自由”的。

我们知道一个完全由无机物构成的封闭系统其运行是符合因果规律的，因而是决定性质的；我们还知道宇宙中生命的演化是从无机物开始的，从无机物到有机物，从低等生命到高等生命再到人类。我们假设自由意志存在并且假设它在人类身上发生，那么这将意味着宇宙在孕育出拥有自由意志的生命形式之后，系统的物理性质改变了，一个决定性质的系统自发的演化成了一个非决定性质的系统。自由意志假设所导致的这个的结论显然是矛盾的，因为：一个封闭的系统如果是决定性质的，无论这个系统多么复杂，在初始条件确定后，它都将按照确定的轨迹发展，此后的任何时刻这个系统都将保持决定性质。也就是说，一个封闭的系统如果是决定性质的，那么它将永远是决定性质的。

此外，神经科学家们的实验也在显示自由意志很可能只是错觉。根据 20 世纪 60 年代以来一系列大脑实验的结果，人在感受到决策意识之前（比如动手腕的念头），大脑中无意识的决策信号就已经形成了，并且这个时间差通常比较显著。这个过程可以描述如下：大脑首先生成了动手腕的无意识信号，然后大脑中出现意识感受，接着手腕动了。你以为是意识感受支配了手腕的运动，并将其理解为自由意志，而真正的源头是无意识信号。这表明自由意志不过是人的错觉。

这类实验始于德国科学家科恩休伯和德克，他们发现大脑在产生意识感受前会进入一种被称为准备电位的特殊状态。1985 年李贝特做了比较精确的手腕自主运动的实验（见图 2.8），印证了之前科恩休伯和德克的工作。实验记录了三个事件的时间。意志时间：被试者面前有个钟，当他们产生了动手腕的念头时需要报告时刻，这个时间就是自由意志发生的时间。动作时间：手腕运动的时刻，由仪器记录。准备电位时间：由仪器自动探测。实验结果表明大脑准备电位的出现比人有意识地选择运动要早 0.35 秒。随着今天技术

图 2.8 手腕自主运动实验

的进步，功能磁共振成像（fMRI）被用于此类实验，这些新实验显示的准备电位时间比意志时间的提前效应更显著。

大多数人或是不接受实验结果，或是对实验过程提出质疑。除了人类小小的虚荣心作祟，自由意志的支持者们往往以自身感受为依据而坚信自由意志的存在。例如：“我想阅读就翻书，我想养神就闭目；你让我往东我偏往西，你让我打狗我偏打鸡”。因此，要让人们从心理上接受自由意志仅可能是假象，至少需要做到以下两点：一是阐明自由意志的错觉从何而来；二是以机械式的方式模拟出“主观目的性”想法的产生过程（比如“我想要吃蛋糕”这个想法的产生过程）。上述两点或多或少地涉及意识的话题，作者将在接下来的篇幅中先对意识话题加以探讨。

2.7.2 意识本质上也是感觉

意识作为被人们讨论的最广泛话题之一，在概念上缺乏一个公认的、统一的定义。为了避免理解各不相同，作者从如下两个视角去明确本书所指的意识的含义。

视角一：有意识和无意识的区分。本书在区分有意识和无意识的时候，用“知道”这个词来替代意识。例如：闭眼睁眼受认知系统调控，人是“知道”的，是有意识的；瞳孔放大缩小受植物神经系统调控，人是“不知道”的，是无意识的。

视角二：意识在内容方面的区分。传统上人们将思想上的内容理解为意识，比如“我想要吃蛋糕”的想法。思想上的内容通常以抽象的语言符号为表现形式，这部分内容似乎是人类自由意志的产物。有些学者将感官感觉也作为意识内容的一部分，包括看到的影像，听到的声音，这部分内容通常来源人类对客观环境的所见所闻，和自由意志的体验无关。本书所述的意识的内容仅指前者，即和自由意志体验[①]有关的、思想上的内容。

意识充分展示了人类智能最神秘的一面，揭开它的面纱是解答很多问题

① 作者已经放弃了对自由意志的坚持，因此用词是自由意志的体验。

的关键。作者在记忆一节中曾埋下过伏笔，“感觉信息是形成记忆的唯一信息来源”。意识具有的特性之一是内容可以被记忆，比如“我想要吃蛋糕”的想法就可以被记忆，因此继情感之后作者再为感觉的大家庭提名一位新成员 — 意识。请读者和作者一起用“知道”对其加以衡量，“我想要吃蛋糕”的想法是具有“知道”属性的，因而意识够资格被归类为感觉。还是依照感觉就是电信号的假设，意识被物质化。意识的物质化使得我们有机会从客观信息的角度审视人类意识，这将成为我们理解大脑工作原理重要的一环。

在探讨大脑的工作原理之前，作者首先通过构想意识的感觉器官，阐述了意识在信息属性上与其他感觉相比所具有的特性（见图 2.9），作者的观点可描述如下：大多数人体感官以物理信号做输入，实施编码之后，输出信号的格式改变了（由物理信号变为感觉信号），但输出信号的维度几乎没变。假想的意识感官以感觉信号做输入，实施编码之后，输出信号的维度降低了（我们可以将意识信息理解成一维信息），但输出信号的格式没变（仍是感觉信号）。

接下来作者对上述观点做具体解释。之前被物质化的各种感觉，相对于

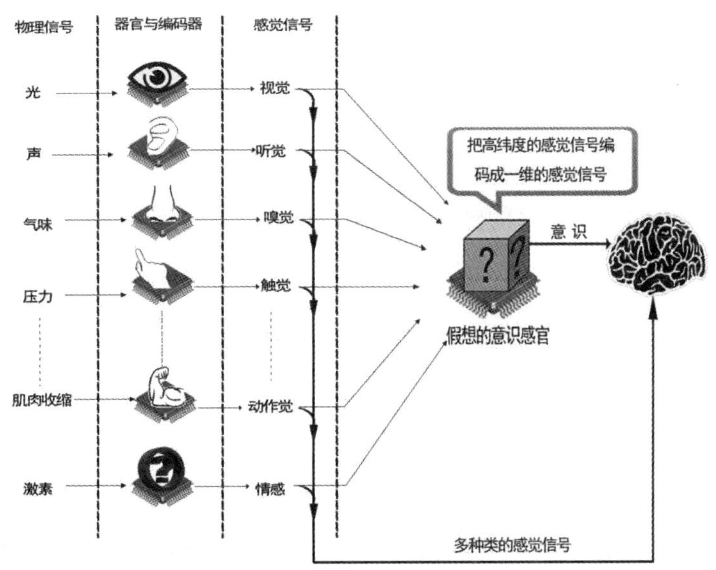

图 2.9 假想的意识感官

外部或内部环境均有对应的信息来源。例如：视觉来源于光信号，听觉来源于声波信号，触觉来源于压力信号，运动觉来源于肌肉的收缩信号，情感感觉取决于体内激素的分泌水平。但是意识的信息来源是什么呢？为了找到答案，人体感官有必要被重新提及。我们可以对人体感官的功能做如下的理解：除了接收信号，感官还犹如编码器。大多数感官把来自于内外环境的物理输入信号编码成感觉信号传送给大脑，信息从一种格式转化成另外一种格式，但信息所携带的维度没发生变化。而对于假想的意识感官，作者认为大脑中活跃的感觉信号就是它的输入信号，它将多种高维度的感觉信息流编码成一种一维信息流然后输出。这股一维信息流就是人们所说的意识。鉴于假想的意识感官所输出的一维信息流仍然具有“知道”的属性，属于感觉的范畴，因而输出信号与输入信号相比信息的格式没有发生改变。

这里有四点需要说明。一、之前提及过，我们假想在身体中存在着情感的感官，只是人们感受不到它的存在而已。用同样的方法，我们假想在大脑中存在着意识的感官，只是人们感受不到它的存在。二、起到编码器作用的不止感官，神经系统的其它部分也参与了此项工作，统一用感官进行描述只是为了解释起来方便。三、在 2.4.2 中作者的观点表明：语义反映的是高维度的感觉信息流与语言符号之间的映射关系。因而准确地说，假想的意识感官所从事的工作不是编码，而是映射。这里统一采用编码一词有助于读者将意识感官与其他人体感官做功能性的对比，从而更好的理解意识信息本身。四、事实上，假想的意识感官的输入信号不仅包括感觉信号，还包括了由感觉信号衍生的其他格式的信号（相关内容在下文中会有详细说明）。此处统一采用感觉格式对输入信号的格式进行描述，虽然不准确但有利于读者循序渐进地理解作者的观点。

2.7.3 假想的大脑工作模型

意识被物质化，使得我们有机会探讨意识的形成过程。为了能够清楚地解说，作者采用了一幅假想的大脑工作模型图（见图 2.10）。

如图所示，大脑的最底层是一张集成了多个芯片的主板，这些芯片包括

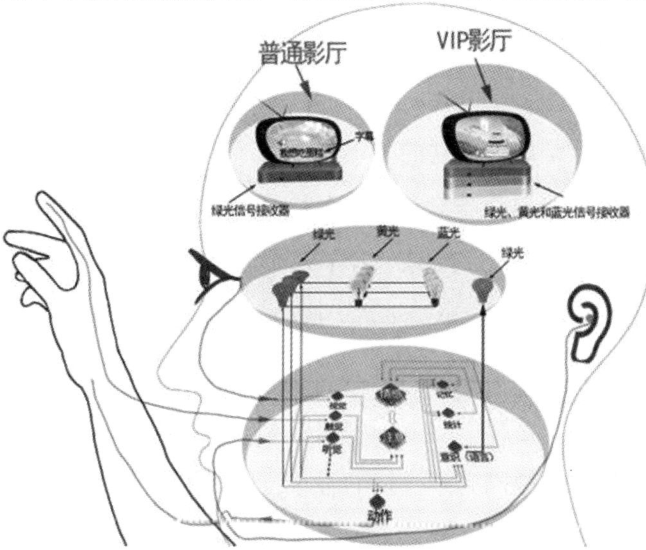

图 2.10 假想的大脑工作模型

人体感官芯片（视觉、听觉、触觉等），意识感官芯片、统计机制芯片、记忆机制芯片、情感机制芯片、注意机制芯片，动作机制芯片。不同芯片具有不同的作用，芯片之间能够通过主板交互信息。

大脑的中间层由数量众多的神经元构成。依据神经元所连接的感官芯片的不同，大脑中间层被分成不同的区域，有视觉区、听觉区、触觉区、动作觉区、情感感觉区、意识感觉区（意识感觉区视同语言区）。例如，和视觉感官芯片相连的神经元区域就被定义为视觉区。如此一来，来自不同区域的、处于活跃状态的神经元的集合，就可以被理解成是对现实世界中对象的某种模型化表达。在作者提出的假想模型中，每个神经元被赋予了三种不同的活跃状态。我们用三种颜色的光，绿光、黄光、蓝光，对同一个神经元所处的不同的活跃状态作区分。绿光状态代表了神经元被感官信号激活，它通常反映了环境的现实情况；黄光状态代表了神经元被统计机制芯片的信号激活，它在多数情况下反映的是对未来的预测；蓝光状态代表了神经元被记忆机制芯片的信号激活，它反映的是对过往的回忆。这里请读者注意两点：一、神经元的绿

光状态具有“知道”的属性，而黄光和蓝光状态不具有“知道”的属性；二、同一神经元可以同时处于一种以上的活跃状态。用三种颜色的光表示同一个神经元所处不同活跃状态的假设是本书阐述大脑工作原理的重要手段之一，记住假设的具体内容将有助于读者对下文的理解

大脑的最上层是两个独立的多媒体影厅，普通影厅和 VIP 影厅。普通影厅只配备有绿光信号接收器，它会将大脑中间层亮绿光的神经元所反映的信息内容播放出来。VIP 影厅同时配备了绿光、黄光、蓝光三种信号接收器，因此它所播放的影片，内容更为丰富。假想的大脑工作模型的运行方式如下：

当内外环境有物理信号输入时，人体感官芯片会将物理格式的信号转换成感觉格式的信号，这将引起大脑中间层对应区域的神经元亮绿光。比如你看到了一块蛋糕并且也闻到了蛋糕的香味，那么视觉区域代表了蛋糕的那组神经元就会亮绿光，嗅觉区域代表香味的那组神经元也会亮绿光。对于复杂一点的情形，比如你饿了拿起蛋糕吃下，因为有动作和时间因素的加入，可以想象，多个感觉区域的神经元组合会此起彼伏的闪亮绿光。

统计机制芯片会将同时闪亮绿光的神经元做“同时出现”的统计，也将顺序闪亮绿光的神经元做“顺序发生”的统计；记忆机制芯片会将神经元的绿光闪亮的具体过程记录下来形成记忆。一方面，大脑针对感觉信号[①]的统计工作和记忆工作几乎在时时进行；另一方面，统计积累的普遍经验和记忆形成的特定经验也在被大脑时时应用[②]。

情感机制芯片在系统中扮演总调度的角色。它调用统计机制芯片积累的经验，激发记忆机制芯片存储的记忆，协助注意机制芯片选择信息焦点，通知给动作机制芯片大脑的目的。

注意机制芯片能够将大脑中间层活跃神经元所表达的信息进行信息过滤[①]。

---

① 只有神经元的绿灯状态具有“知道”的属性，是感觉信号。而黄灯和蓝灯状态属于“不知道”的范畴，并不是真正的感觉信号，它们可以视作是由感觉信息所衍生的其它格式的信息。请读者注意，大脑的统计和记忆工作只针对感觉信息进行。

② 大脑调用由统计积累的普遍经验和由记忆形成的特定经验，在形式上即表现为相应的神经元亮黄灯或亮蓝灯。

请读者注意，大脑中间层的活跃信息同时包含有绿光、黄光和蓝光状态的信息。接下来作者引入一个假设，作者假定：过滤后的包含有三种状态的信息被传送给 VIP 影厅的同时，也被传送给了意识感官芯片。

意识感官芯片负责将接收到的来自大脑中间层的信息降维，准确地说是映射成一维信息，映射方案主要依赖于大脑中已经形成的各种感觉信息面向语言符号的统计结果。举个例子，蛋糕有视觉上的形象、嗅觉上的气味、味觉上的滋味、和嘴接触的触感等等。代表这些感觉的神经元的组合，被意识感官芯片映射在语言区一个叫“蛋糕”的神经元身上。高维度的信息被降低成一维的信息，因此我们常说语言符号是抽象的。

动作机制芯片连接着系统的输出端，能够发出走步、抬手、说话、吃饭、点头等各种动作的激发信号。

大脑最上层的两个多媒体影厅是作者虚构的，用于解释意识的内容，也用于解释自由意志错觉产生的原因。普通影厅只接收绿光信号，而绿光信号主要来源于内外环境的物理信号输入[②]，在内容上带有现实性，因此普通影厅播放的影片相当于一部纪实片。VIP 影厅同时接收绿光、黄光、蓝光三种信号，在内容上既包含有现实的信息，也有统计的信息[③]，还有记忆的信息，因此 VIP 影厅播放的影片犹如是一部贯穿着历史与现实情节，又融合了推理与科幻色彩的好莱坞大片。大脑中间层闪亮的绿光、黄光、蓝光信号在被传送给 VIP 影厅的同时，同样的信号也被传送给了意识感官芯片。虽然接收到了相同的输入信号，但由于意识感官芯片和 VIP 影厅的功能不同，所以它们二者的输出不同。VIP 影厅是将接收到的信息进行播放，它的输出犹如是一段影片视频；而意识感官芯片则是将接收到的信息通过降维的方式映射成语言，它的输出犹如是一段字幕。鉴于输入信号的内容相同，我们不难看出，由意识感官芯片所激活的语言信息，刚好是 VIP 影厅正在播放的好莱坞影片所对

---

① 注意机制芯片使得系统优先处理重要信息，它就像信息过滤器一样限制了大脑在同一时间段内所处理数据量的上限，提高了大脑的工作效率。

② 被意识感官芯片激活的语言区神经元的绿灯信号除外。

③ 统计信息反映的多是与人类分析、推理、预测相关的知识性内容。

应的字幕信息。请读者注意，按照假想模型的设定规则，由意识感官芯片激活的语言区的神经元亮绿光，其信号会被普通影厅所接收。这意味着，原本对应于好莱坞影片的字幕信息却被普通影厅播放出来。我么可以想象如下的场面，VIP 影厅播放着好莱坞大片，但放映员忘记了放映字幕；普通影厅播放着纪实片，放映员却阴差阳错的放映出了原本属于好莱坞影片的字幕。这看似操作上的失误给自由意志的错觉埋下了伏笔。而普通影厅放映的这组字幕信息，正是大脑的意识的内容[①]。

让我们设想如下的情景：人是位忠实的观众，一生都置身于普通影厅，并不知晓 VIP 影厅的存在，更不知道 VIP 影厅所上演的影片内容。亮绿光的神经元所代表的信息就是人所"知道"的一切。其中，源自环境的物理信号输入所引发的绿光闪烁让人见识到了世间万物，源自语言区的反映好莱坞影片内容的绿光字幕信息让人体验到了自由意志。人如果有机会进入 VIP 影厅，那么定会对自由意志有新的认识。事实上，字幕的生成并非"自由"的，仅是自动的。大脑"知道"的局限性使得大脑只知道普通影厅的放映内容，而普通影厅所播放的字幕内容与影片内容不对应[②]，作者认为这种内容上的不对应正是人产生自由意志错觉的原因之一。

2.7.4 意识的作用

作者提出的大脑工作模型似乎在显示：无论是普通影厅的影片还是 VIP 影厅的好莱坞大片，它们的故事情节都是按照某种规则自动产生的，假想的意识感官并非如人们通常所理解的那样是大脑的决策机构，相反它只相当于一部翻译机器，负责把好莱坞影片的影音信息翻译成文字信息。这意味着人的意识的内容仅仅是以一种"被通知"的形式出现的。说到这里读者难免疑惑：意识的内容既为"被通知"，那么对于智能而言意识的存在就显得无足轻重，

① 某些先天的聋哑人并不具备常人的语言能力，这意味着他们的意识内容很可能无法以通常的语言符号为表现形式，但作者认为他们所感受到的"字幕信息"的本质依然是降维的信息，并且也是映射的结果。作者预测这种情况将同样发生在婴幼儿的成长过程中，他们的意识内容所涉及的抽象形式应当是发展变化的。

② 一部纪实影片配了部好莱坞大片的字幕，显然字幕反映的内容更丰富。

大自然又何必大费周章地设计出一部翻译机器？作者的回答是：大脑的意识虽然表现为“被通知”，但它的出现对人类智能水平的提高起到了十分积极的作用。其作用至少表现在以下两个方面。

（1）意识的出现使得智力成果能以单独的格式保存，进而在需要时可被大脑有效的调用。

大脑所接收到的信息是海量的且是高维度的，信息内容不易被完整保存（形成记忆），其中的重要信息也不易被单独调用（激活记忆），因而大自然为人类提供了一种抽象简明的素材（即意识）作为某些重要信息或复杂信息的线索。作者用下面的例子对上述观点做具体说明。

想象你在做数学题的时候，大脑接收着来自于环境的全方位信息。窗外飘着淅沥的小雨，空调吹得屋子里暖意融融，你一边做题一边喝着牙买加蓝山咖啡，耳机里传来的是约翰·丹佛的歌曲《乡村路带我回家》，随着音乐的节奏你还情不自禁地哼唱，这时女友从身后悄悄蒙住你的眼睛，说要红袖添香伴你读书。可想而知，作为重点被记忆对象的解题过程混在如此庞杂的信息中很容易被大脑遗忘；退一步讲，即便所有这些庞杂的信息都被大脑记住了，但当大脑需要再现解题过程时，解题过程混在如此庞杂的信息中，也很难被单独找到并激活。此外，解题过程本身所涵盖的信息内容也十分复杂不易保存。而意识的出现则使解题过程被抽象化，解题过程得以以一种单独格式的信息流，即解题思路，从庞杂的信息海洋中分离出来。这种单独格式的信息流由于具有“知道”的属性是感觉的一种，因此能够被大脑以记忆的方式保存下来。我们可以将意识信息理解为是某些重要信息或复杂信息的线索，由于大脑中映射关系的存在，线索所能反映的信息量远远超过线索本身，大自然赋予大脑通过保存线索的方式去保存线索背后的庞大信息，这样的办法有效且高效。

（2）意识信息对于语言交流来说至关重要，而语言交流则丰富了人类动作的内容，增强了人与环境交互的能力。

人的动作内容有很多种，以手和手臂的组合为例，能抓、能拿、能指、能掷、能抱拳、能击掌。谈到人的动作内容，人们往往忽视了“说”所具有的动作内容的多样性。立足于智能体（Agent）模型[①]的视角，作者的观点是：“说”也是人与环境交互的动作之一，并且其动作的内容比肢体动作的内容更为丰富。当你向星巴克的服务生说“来杯拿铁”或“来杯摩卡”时，你说的内容不同，代表你向环境输出的动作不同，自然你从环境里得到的反馈也将不同。如果你想让反馈来的更猛烈一些，当服务生准备好拿铁的时候你可以说：“对不起，我要摩卡，刚刚只是和你开个玩笑。”前面曾论述，大脑通过统计的方式建立起了高维度的感觉信息流面向抽象的语言符号的映射关系。由于意识信息的表现形式（即我们所说的语言）具有一维的特点，因此人们才能做到以“说”的方式去表达它，这种动作方式（即语言交流）极大的增强了人与环境交互的能力。

作者在此插入另外一个话题，人类能够通过“说”反映复杂信息，正是利用了大脑建立起的“高维度信息向低维度信息”的映射关系；而人类能够理解彼此“所说”（即理解语义），则是由于大脑能够将低维度信息（即语言信息）映射为与之对应的高维度信息。因此作者认为，大脑中高维度的感觉信息流与语言符号之间的映射关系是“双向”的（这种“双向”的信息处理方法和我们后面要谈到的贝叶斯算法有关），在利奥的培训过程中，正是基于“双向”映射关系的建立，利奥才做到了可以根据实际情景与爸爸、妈妈进行有效的语言交流。

2.7.5 “主观目的”的产生过程

主观目的通常被认为是人类意识的表现形式的一种，它被解释为已经形成但尚未付诸行动的带有主观愿望的想法。作者接下来要演示的是，在不依赖自由意志的情况下，大脑如何机械式的生成“我想要吃蛋糕”这个带有“主观目的性”的想法。在演示的过程中读者将会看到，大自然为人类设计的情

① Agent 模型见图 2.1。

感机制除了有评估的功能之外还有发动机的功能。

演示的例子如下：我（假设是个小孩子）饿了，妈妈喂我吃蛋糕，吃饱后我感受到了愉悦感。

上述过程反复几次后，“饿”和“吃蛋糕”这两组神经元对象经过统计机制的撮合并最终在愉悦感的评估作用之下建立起联系。在上述过程中，愉悦感衍生出一种新的感觉，这种感觉与愉悦感相似，成分中拥有多巴胺，也是情感大家族的一员。如果读者愿意，可以唤其学名：食欲。“食欲”的作用犹如信使，为“饿”和“吃蛋糕”之间传递信息。

“饿”再次出现的时候，首先引起“食欲”（感觉）[①]活跃（代表食欲的神经元亮绿灯），随后“食欲”通过之前由统计机制搭建好的连接渠道激活“吃蛋糕”[②]。这样，VIP影厅就接收到了亮黄灯的“吃蛋糕”的信号和亮绿灯的“食欲”的信号。亮黄灯的“吃蛋糕”的信号使得银幕上上演了以未来作为时间背景的我吃蛋糕的场面；亮绿灯的“食欲”的信号使得我吃蛋糕的这个场面的气氛热烈而积极[③]。上述银幕画面所对应的字幕信息便是“我想要吃蛋糕”，这串字幕被推送到了普通影厅进而以意识的形式被大脑所感受到。由于大脑对VIP影厅的影片内容“不知道”，所以普通影厅播放的“我想要吃蛋糕”这串字幕信息（即我们所说的想法）就犹如是自由意志的产物，表现出主观性。同时，这个想法所涉及的时间背景是未来，所涉及的行为被正向评价且尚未付诸实施，因而这个想法又具有目的性。以上便是大脑的“主观目的”的由来。

在“主观目的性”的想法产生之后，“食欲”（机制）开始发挥情感机制所具有的发动机作用，它启动并督促普通影厅的剧情向符合VIP影厅的剧情方向发展（即促使大脑中间层闪亮黄灯的神经元按大致不变的模式闪亮绿灯），从而推动了现实向目标[①]方向前进，最终使得我吃蛋糕的场景在现实环

---

① 请读者注意，情感感觉和情感机制虽然关系密切，却是不同的概念。

② 大脑中间层代表“吃蛋糕”的神经元因为被统计机制激活因此亮黄灯，请读者注意，“吃蛋糕”在大脑中是由多组神经元的复杂连接构成的，涉及了视觉、触觉、嗅觉、味觉和动作觉等感觉单元，涵盖了同时型的连接和顺序型的连接。

③ 食欲是由带有正向评估色彩的吃饱后的愉悦感所衍生的感觉，因而其所关联的行为是积极的。

境中发生。

通过上面的演示和分析我们可以看出，在不依赖自由意志的情况下，大脑能够机械式地产生“主观目的”，继而还能够按照目的的方向自动实施适应性的行为。

2.7.6 反馈控制与前馈控制的结合

情感机制的评估功能有鼓励和惩罚两个方向，与之对应的，情感机制的发动机功能除了推动作用还有阻碍作用。举一个阻碍作用的例子，比如一个人有过被蛇咬的经历，当他再次遇到蛇的时候，恐惧（感觉）首先活跃，然后恐惧会激活他之前被蛇咬的场景，大脑中相应的神经元会闪亮蓝光，VIP影厅因此上演了苦情的记忆片。这时恐惧（机制）发挥作用，全力阻止普通影厅的剧情和 VIP 影厅的剧情在内容上重合。所以这个人停下了向前的步伐，转而掉头躲开，避免了悲剧重演。

从自动控制理论的角度看，情感机制的评估功能发挥的是反馈控制作用，情感机制的发动机功能发挥的是前馈控制作用，人脑通过反馈控制所择优的控制方案被自动应用于前馈控制环节。作者认为，正是反馈控制与前馈控制的有机结合，才使人产生了一系列颇为复杂的、既带有目的性又具有适应性的行为，具体情况在此就不一一讨论了。

借鉴本节中的观点，技术团队对利奥大脑的工作模型进行了升级与完善，同时在情感机制原有的评估功能的基础上中增加了发动机功能。这些努力使得利奥在一定程度上成为了由反馈控制和前馈控制有机结合的新型自控系统，其在面对复杂环境时的“决策”水平得到了进一步提升。

---

① 人通常以为“我想要吃蛋糕”这串字幕信息就代表了目标，殊不知真正的信息源头是 VIP 影厅的剧情内容。

2.8 行为

行为，也就是动作，是人与环境进行交互的工具。人通过动作作用于环境，并利用从环境中获得的反馈信息进行学习。本章开头作者曾表明，作者采用了保守的方案模拟人类智能，即设计大脑的同时给利奥加装身体并为其营造生存环境。实际上，身体就是动作的载体，环境就是动作的舞台。讨论到现在，相信读者会和作者持相同观点，认为环境与身体是智能形成不可缺少的条件。

2.8.1 利奥动作机制的设计特点

关于利奥的动作机制的设计特点，有以下几个方面值得关注：

（1）物理动作本身和由物理动作引发的感觉被做了清楚的区分。

物理动作和由物理动作引发的感觉是截然不同的两个概念。物理动作是认知系统的输出，由物理动作引发的感觉是认知系统的输入。物理动作能够作用于环境使环境的状态发生改变，具有典型的物理意义。而由物理动作引发的感觉[①]则仅仅相当于是对动作的一种描述，它与物理动作不是一回事。

（2）动作激发神经元与其他神经元的连接模式被设计为动态模式。

动作激发神经元的活跃可以激发人体做出相应的动作。作者认为，人脑中动作激发神经元与其他神经元的联系很多都依靠后天建立，并且动作激发神经元与其他神经元的连接结构始终是动态变化的。依据上述观点，利奥的动作激发神经元与其他神经元的连接模式被设计为动态模式。接下来作者将阐述所持上述观点的原因。

请读者想象如下的情景：你坐在办公桌前透过落地窗向外眺望，路口停着的一辆红色甲壳虫汽车很是惹你喜爱，你拿起办公桌上的咖啡杯，一边喝着咖啡一边欣赏起这个玩具造型的坐骑。问题来了，既然甲壳虫汽车和咖啡杯同样位于你的视野内，大小看起来又差不多，你为什不试着像拿咖啡杯一

---

① 例如人体验到的自己走路的感受，看到的自己伸手的影像，听到的自己说话的声音。

样将甲壳虫汽车拿起来端详呢？你或许会觉得这样的问题不可理喻。而作者的观点是，婴幼儿时的你曾经千百次的做过类似的尝试，只是现在的你不记得了，今天你认为的很多理所当然的行为，其实都是通过儿时的千锤百炼获得的。前文已经介绍，初始状态时人的认知犹如一张白纸，人是后天用感觉当画笔才在白纸上描绘出自身和世界的样子。因此，只有经历过用手臂反复丈量视觉空间的过程，人才有可能知道哪里是眼前；同样，只有经历过用脚步反复丈量视觉空间的过程，人才会懂得何处是远方。故而作者认为人脑中动作激发神经元与其他神经元的联系很多都是依靠后天建立的，人类在婴幼儿期所花的相当一部分时间是在用来认识并熟悉自己的身体和动作。

美国心理学家斯特拉顿在 1897 年做过一次有趣的实验。他将自己的左眼蒙起来，同时给右眼戴上了一个能使影像颠倒的光学眼镜，然后仅用右眼看世界。他第一天开始练习时，看到的人和物都是脚朝上头朝下，左右互换。他想拿右边的东西手却伸向左边，想拿地面上的东西手却伸向天花板。三天以后，混乱的现象有了显著的改变。到第八天，混乱情况差不多完全得到了克服，想拿什么东西手就会很自然地伸向正确的位置。然而，当他撤去右眼上的光学眼镜和左眼上的遮蔽物后，又感觉一切物体都是上下颠倒、左右互换的了，而后再经过一段时间的训练，感觉才恢复正常。上述实验充分表明人的动作带有很强的适应性，这意味着人脑中动作激发神经元与其他神经元的连接结构应当是动态变化的。

（3）动作激发神经元与感觉神经元之间被设计为可以形成双向连接。

动作激发神经元与感觉神经元之间被设计为能够建立起双向的连接，利奥因此可以在合适的条件下做出模仿行为。模仿是人类学习的重要手段之一，在儿童阶段尤为常见。很多人对模仿存在误解，把它理解为信息再现的过程。事实上，模仿远非信息再现，它是将输入信号转化为对应的动作输出的过程。打个比方，美国的波斯顿动力公司发明出了一款能够模仿跳舞的机器人，出于对科技产品的偏好你买了一台回家。一次偶然的机会你在纽约的中央公园里拍摄了一段精彩的街舞视频，回家后你迫不及待地将载有视频信息的芯片插入到机器人的输入接口。接下来你期待什么呢？机器人用胸前的显示器将这段视频重播？还是机器人依据视频里的信息为你跳上一曲？答案显而易见。因此，模仿并不是简单的信息再现，而是把看到的做出来、把听到的说出来。

在抛弃了自由意志的情况下，要想采用一种机械式的方案使得利奥能够自主模仿，我们首先得理清动作激发神经元和由动作引发的感觉神经元之间的关系。

人发出动作的过程是这样的：

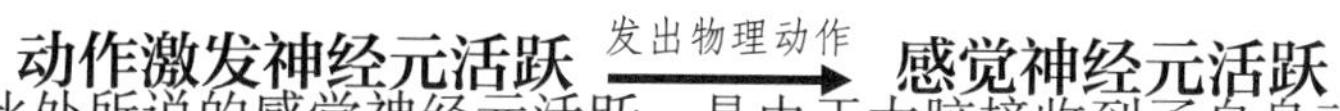

动作激发神经元活跃 —发出物理动作→ **感觉神经元活跃**

注：此处所说的感觉神经元活跃，是由于大脑接收到了自身动作引发的视觉、听觉、触觉、动作觉等方面的感受性信息。

模仿行为的过程刚好相反：

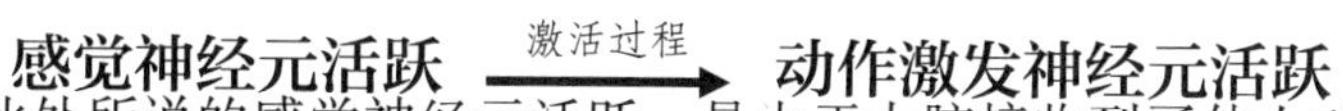

感觉神经元活跃 —激活过程→ **动作激发神经元活跃**

注：此处所说的感觉神经元活跃，是由于大脑接收到了他人动作引发的视觉、听觉等方面的感受性信息。

在人发出动作的过程中，由于动作激发神经元和感觉神经元依次活跃，因此大脑有能力在它们之间建立起顺序连接。如果大脑同时也在它们之间建立起逆向连接的话，那么下次在某些感觉神经元被激活的情况下，动作激发神经元就有可能被依次激活。这种方式不需要在程序上做任何有关知识的定义，模仿行为就可以自动发生。通过以上分析我们可以判断，模仿行为的前提是人对于自身动作有所熟悉，而熟悉的实质就是动作激发神经元和感觉神经元之间建立起了较为稳定的双向连接。

（4）利奥的动作输出并不受意识的直接支配。

利奥的动作输出是大脑综合运行的结果，并不受意识的直接支配。本书前面关于自由意志话题的讨论暗示了这样一种观点，意识对动作的支配性仅是一种假象。作者认为，对于这种假象的体验是人产生自由意志错觉的又一个原因。接下来作者将对此观点具体分析。

请读者回忆一下前文的“我想要吃蛋糕”的例子。VIP 影厅根据黄灯信号播放了我吃蛋糕的场面，情感机制于是推动现实向目标靠近，多数情况下的结果会是我在现实环境里完成了吃蛋糕的动作。这时人会觉得是普通影厅播放的“我想要吃蛋糕”这串字幕信息（即意识）支配了吃蛋糕动作的发生，因而认为是自由意志在起作用。当然，这个例子中人所感受到的意识对动作的支配性体验还不是十分明显，因为吃蛋糕是一个相对复杂的动作，除了吃的动作本身还有吃所作用的对象。然而，日常中有一些动作较为简单，不需要和其他对象发生关系就能顺利完成，例如走、指、摇头、闭眼、张嘴。倘若 VIP 影厅在黄光信号的作用下上演了这样的动作影片，那么普通影厅很容易立即跟播。这意味着如果代表动作内容的字幕信息率先在大脑中显现，其对应的物理动作紧接着就会在现实中发生。这种情况下，意识对行为的支配性假象就会很生动，让人误以为是自由意志在起作用。

2.8.2 贝叶斯方法

截至目前，技术团队精心打造的利奥几乎可置入虚拟环境中运行了，几乎的意思是还差一点。以利奥动作的实施为例，把 VIP 影厅的影片内容作为目的去实施动作，说起来容易做起来难。还记得模仿跳舞的机器人的例子吗？那段拍摄的视频就相当于 VIP 影厅的影片内容，按照这个内容去实施动作不是把视频信息重播而是把舞蹈跳出来。因为没有自由意志可依赖，利奥要在自动的前提下输出正确动作，问题并不简单。类似的，情感机制在生成目标时也面临和实施动作同样的问题。

如何让动作的实施和目标的生成能在自动的前提下正确进行呢？作者采用了一种数学方法应用于利奥的神经网络 — 贝叶斯方法 — 解决了上述问题。贝叶斯方法源自于英国数学家贝叶斯为解决逆概率问题写的一篇文章。在此之前人们已经能够计算正向概率，例如假设箱子里面有 M 个黑球，N 个白球，求随便摸出一个球是黑球的概率。而一个自然而然的问题是反过来，如果我们并不知道箱子里面黑球与白球的个数，有没有什么办法可以推测箱子里黑球与白球的比例情况，进而知道随便摸出一个球是黑球的概率。

尽管贝叶斯法则是一个数学公式，但其原理无须用数字表示也很容易说明。拿西医疗法与中医疗法作比较，中医疗法就可以被当做是贝叶斯方法。西医在解决黑球与白球的比例问题时，所采用的办法是用一把手术刀把箱子剖开，接着逐一清点黑球与白球的个数，然后算出比例。中医在解决这个问题时，会试验性地从箱子里摸出一个球来，观察颜色后再放回箱子，如此重复多次并一一记录结果。比如一共摸了 100 次，其中 88 次是黑球，12 次是白球。中医的结论将会是随意摸出一个黑球的概率十有八九。

西医的方法虽然精确，但受人类认知能力的限制西医无法剖开世界上的每一个箱子。中医的方法虽然粗略，但随着时间的积累中医沉淀出了丰富的经验。作者本人就既是西医的拥护者，又是中医的粉丝。纵观人类的行为，多数是依赖经验产生的，因而作者推测人类大脑的运行也广泛地应用了贝叶斯方法。作者做此推测的另一个重要原因是贝叶斯方法巧妙地利用了自然统计的结果，而自然统计正是细胞组织所擅长的工作，前文提到的赫布学习法则就可以被认为是细胞组织进行自然统计的一个实例。贝叶斯方法以自然统计为基础，对由统计形成的因果关系中的原因和结果进行“双向”连接，从而使大脑在需要时，能够自动的从结果出发找到原因。举一个简单的例子，“推”的动作可以产生“门开”的结果，贝叶斯方法解决的是：如果“门开”是目的，“推”的动作能否被激活。

关于利奥大脑中的贝叶斯方法的应用，作者进行如下说明：对于利奥这样自动运行的系统，单一的核心算法难以保证利奥在复杂环境下的学习效率。为此，作者采取了两种补偿措施。

第一种补偿措施是对不同情形下的自然统计强度做区分。可以形容如下：通常人被开水烫一次就长记性了，而不是非要经过多次统计才能明白其中的道理。此外，被开水烫得三分熟和七分熟所留下印象的深刻程度也会不同。技术团队通过强化利奥对重要生理指标的统计结果，来提高他对核心生存技能的学习效率。

第二种补偿措施是针对自然统计结果做修正。可以描述如下：你的左边放了一瓶雪碧，右边放了一瓶可乐。如果此时你的目标是拿起可乐（即 VIP 影厅以黄光信息上演拿起可乐），但大脑激活的现实动作是向左伸手拿到了雪碧[①]，自然统计会增加一次向左伸手与拿到雪碧的连接，但这样的统计结果对本次学习并没有多大意义。所以作者推测在这样的情况下，即神经元的黄光活跃状态最终没能转化为绿光活跃状态（通俗的说就是目标没有实现），那么大脑会在目标与错误动作之间强化抑制连接。同理，当动作完成了预定目标，目标与成功动作之间的激励连接会得到加强。不难看出，激励与抑制的共同作用能在很大程度上提高大脑的学习效率。

2.9 小结

大脑是如何产生智能的？人们在解答这个问题的过程中，总是遇到两类难以协调的状况。正如美国学者艾什比所言，一方面，生物学家通过多种实验证明了大脑类似于一架机器。而另一方面，心理学家从现实体验出发表明大脑的行为具有典型的“主观目的性”，这是人们的常识。通过本文的讲解，读者会发现一个系统本质上是机械式的，却能自动产生既带有目的性又具有适应性的行为。大脑充分应用着一套目前机器极少应用的方法，而在机器上应用这套方法也将使机器展现出像人一样的通用型智能。

---

① 婴幼儿在熟悉自身动作的过程中会经常发生此类状况。

第三章
人工智能的相关话题

3.1 可感受性

困难问题中的可感受性，涉及解释意识体验的来源及意识体验的本质。虽然可感受性的概念一直都笼罩在某种迷雾当中，但是它基本的意思还是很清楚的，一种可感受性便是对某个对象的感觉 [5]。在本书的第二章，作者提出了感觉就是大脑中特定的神经电信号的假设。虽然这个假设便利了作者通过还原论的方法设计利奥，但把物理信号和感觉直接划等号的做法是缺乏科学依据的，因此作者在本节重新梳理这个问题。

关于物理信号与其对应的感觉之间的关系，作者选用飞鸟和影子之间的关系做比照。鸟儿的飞翔姿态决定了影子的状态，而影子的状态却不影响鸟儿的飞翔。也就是说物理信号决定了与其对应的感觉，感觉仅是物理信号的一种体现。借鉴于此，作者为物理信号和感觉之间定义了一种映射上的联系。如果我们把物理信号所在的空间定义为某一数学空间，那么与物理信号对应的感觉就好比处于这个数学空间的镜像空间。因此，仅仅通过对镜像空间的观察，我们就可以了解到数学空间的运行状况。正是基于这种假设，作者试图透过对自身感觉的理解去还原大脑的物理工作原理。但读者应该明白，作者的假设纯粹是为了在物理信号和感觉之间的关系问题上能够自圆其说，它对诠释可感受性本身没有任何帮助。

虽然可感受性本身依旧是个难解之题，但通过对利奥的解读，读者很可能已经了解到了可感受性对于大脑功能方面的意义：它就是知道。“知道”属性似乎是感觉与大脑中其它信息的最根本区别，具有“知道”属性的信息才有资格被建模、统计、记忆……。对于利奥，即便是大脑中的同一组神经元，其活跃状态不同，也存在“知道”与“不知道”的区分。例如神经元亮绿光的状态属于“知道”的范畴，亮黄光和蓝光的状态利奥“不知道”[①]。作者认为：如果计算机信息的“知道”与生物大脑感觉的“知道”在功能性上并不存在本质区别，那么意识将不再成为人类与机器之间的鸿沟。

3.2 什么是“我”

什么是“我”？这个问题通常涉及了两个层面上的疑问。一个疑问指向感觉层面的抽象意义的我，它和可感受性相关，心理学家称之为自我意识；另一个疑问指向物理层面的具体意义的我，它关注的是我作为一个整体由哪些物理部分构成。为了将上述两个问题简化，作者依旧沿袭感觉就是电信号的假设。依据这个假设，感觉层面的我和物理层面的我不再处于脱节状态，两个层面上的疑问也因此可以合并为一个问题。

通过之前的讨论我们知道，大脑用感觉为物理环境中的对象建模。在众多被建模的对象里，有一个对象非常特殊 — 我。什么是“我”其实是在询问在大脑中被建模的“我”这个对象的组成部分。由于物理上的“我”在空间中是一个整体，这很容易使人们忽视“我”的某些特性。下面作者将和大家一起做个游戏，名字叫做“找自己”，相信这个游戏会加深人们对“我”的理解和认识。

游戏的内容是：游戏者的身体被拆解为不同的组件散落在实验台上，游戏者需要想办法把“我”重新组装起来。游戏的难点在于，实验台上掺杂了许多赝品组件，这些赝品看起来和真实的身体并无二致。鉴于游戏者行动不便，作者在过程中将充当助手协助游戏者完成一些基本的工作。我们知道人体神经系统中的信号传递是双向的。一方面，感觉器官（传感器）通过神经线路

---

① 神经元亮绿灯、黄灯和蓝灯的解释说明见第二章中假想的大脑工作模型。

向大脑传送输入信号以反映环境的状况；另一方面，大脑通过神经线路向肢体（执行器）传送输出信号以控制肢体的运动。现实世界中的信息传输是“有线”的，而游戏中采用了“无线”的方式，这使得游戏者的身体组件虽然形式上和大脑分离，但是它们之间的信息传输却保持着畅通。

作者希望读者把自己想象成游戏的主角，设身处地将会让读者对什么是“我”有更深刻的感悟。接下来的游戏中，作者权当读者已经做出了勇敢的决定，将会用第二人称来描述游戏的全过程。你的身体被拆解成如下的组件：头、头发、眼睛、眉毛、嘴、耳朵、鼻子、身体、四肢，除了头每个组件都混在对应的赝品堆儿里。此外，还有三个特殊组件等待你的检验：一幅近视眼镜（假设你高度近视），一个可以戴在额头的照明灯，造型就像矿井中常用的那种（假设这个灯能被你的脑电波控制，你想让它亮它就亮，你想让它灭它就灭），还有一个佩带在胸前的徽章（假设徽章可以感受压力，并能通过无线方式将压力信号传送给大脑。一旦徽章被用力碰触，你便会有疼的感觉）。

虽然你被拆散，但是你和作者的交流并没有障碍。因为在耳朵的堆儿里，有一双可以听见作者说话；在嘴的堆儿里，有一个可以向作者发声。游戏的第一个环节需要你以头为出发点把五官组装好。作者为了增加游戏的难度，临时关闭了你大脑的触觉信号接收开关。

你决定先找眼睛，你让作者用手挡住实验台上的每一双眼睛然后撤开，当你感受到视觉变化的时候，嘴的堆儿里传来了你的声音，“停，这就是我的眼睛”。眼睛安装好了，接着你决定找耳朵。你让作者用手捂住每一双耳朵然后撤开，同时你大声地唱起了《为什么受伤的总是我》，当你感觉到音量变化的时候，你停下了歌声说“这就是我的耳朵”。耳朵也安装好了，你接着歌唱，当你发现我捂住的一只嘴突然让你失声时，嘴也找到了。随后你又找到了鼻子，这得归功于作者带来的一颗榴莲。这时作者恢复了你大脑的触觉信号接收能力，但你仍然对找头发和眉毛束手无策，你最后不得不放弃努力，决定进行游戏的下一环节。在此之前，你提出让作者归还你的近视眼镜，作者照做了并由衷地钦佩你务实的态度，目前的情况下，一幅近视眼镜确实比一头秀发或一弯蹙眉重要得多。

游戏的第二个环节是找身体和肢体。虽然作者仍旧关闭了你大脑的触觉信号开关，但你通过一边举手和晃脚一边放眼望去，很容易就找到了自己的肢体。之后你要求作者重新开放触觉信号，并让作者挨个触碰试验台上的每一个身体，当感受到触觉的时候你叫停了。至此，恭喜你重新组装好了自己，除了头发和眉毛。

游戏的第三个环节是做选择题，通过体验三个特殊组件，你可以决定是否留下它们作为“我”的一部分。近视眼镜能够使你更清楚地接收视觉信号，它相当于视觉传感器的延伸，似乎不可缺少；照明灯不仅仅是一部照明工具，其开关动作完全受大脑的控制，起到了执行器的作用，这与大脑支配肢体的情况很是相同；徽章和肌肤好像没有区别，它仿佛身体的触觉传感器，如果不把它留在身边，你十分担心作者日后不善待它会给你造成困扰。因此你摒弃了传统的偏见，留下了全部三个特殊组件作为“我”的一部分。

经历了上面的游戏，你将不难得出结论：传感器和执行器的组合就是“我”。需要读者注意的是，大自然为了让人类能更好地保护执行器，几乎在所有的执行器的表面都附加了触觉感受，这使得执行器在通常情况下也是传感器。例如手，不但能发出动作，还能通过皮肤感受触觉信号。此外，人的情感和意识这两类感觉，因为没有外显的传感器与之对应，所以它们仅仅成为了抽象意义的“我”的组成部分。作者还需要指出的是，大脑对世界的建模是从零开始的，作为世界的一部分的“我”，其模型也是逐渐形成和动态变化着的。把某一具体现象，比如认出镜子里的自己，作为是自我意识形成的标志，这种观点值得商榷。

3.3 超级人工智能的威胁

随着近年来人工智能的高速发展，人们对人工智能有可能带来的毁灭人类文明的担忧也日益加剧。科幻影片里那种突破了某一临界点进而产生了自我意识的超级人工智能，往往因为失去控制而成为人类的敌人。其凭借强大的计算能力和网络覆盖能力，在智力水平和资源调配方面都远远超过人类。在争夺生存资源和保卫生存权利的战争中，人类文明面临着毁于一旦的威胁。影片中的一幕会不会在现实中上演？作者以设计利奥过程中的一些感悟为基础，就这个话题展开讨论。

如果读者愿意接受本书所阐述的“大脑的学习是从零开始的，并且大脑是以一种机械式的方式运行的”观点，那么坏消息是：人们将无法为像利奥这样的通用型的智能机器人植入用来保障人类安全的指令性程序，比如“机器人学三定律”所描述的指令性程序。美国作家阿西莫夫在《我，机器人》一书中提出了机器人学三定律：第一定律，机器人不得伤害人类个体，或者目睹人类个体将遭受危险而袖手不管。第二定律，机器人必须服从人给予它的命令，当该命令与第一定律冲突时例外。第三定律，机器人在不违反第一、第二定律的情况下要尽可能保护自己的生存。前文说过，对于像利奥这样的智能体，人们可以为他预设机制，但无法为他预设知识。什么是机器人、什么是人类、什么是伤害、什么是危险，包括什么是我，这些内容对于利奥而言都是知识，都只能通过后天的学习掌握。因此要想让利奥达到某个预定的目标，比如不伤害人类，人们所能做的是有效地奖惩和教育，而无法通过植入指令性程序的方式实现。

但另一方面，好消息是：超级人工智能在现实中离我们还很遥远，并且假使有一天它真的出现了，人们最担心的那种毫无抵抗能力的情况也不会发生。本书的观点表明，意识并不是某种大规模计算所导致的神秘的涌现，它只是大脑机械式运行的产物之一。物理上并不存在所谓的自我意识的临界点，自我意识的形成是一个过程而非结果。因而作者认为，某一人工智能在突破了临界点之后产生了自我意识，进而迅速发展到人类智能无法匹敌的那种故事情节只会出现在科幻影片中。

对于像利奥这样的智能体，其智力水平取决于大脑所涉及的众多机制的叠加，其知识水平取决于后天的培训与学习。在智力水平方面，要想打造一个和人类相接近的智能机器，除了需要搞清人脑所具有的各种机制外，还要协调好这些机制，这显然不是一朝一夕可以解决的问题。当然，有些读者会寄希望于人类进化奥秘的破解，进而省去智能系统设计上的繁琐工作。但作者认为，即便进化的作用可以施加在机器身上，我们也没有理由认为机器的进化进程就会比生物的耗时更短，要知道，生命已经走过了亿万年的进化里程。

此外，即使有一天超级人工智能出现了，其可以达到的知识水平的总体情况，也只是立足于世界现有的知识成果的积累，不可能迅速发展到让人类望尘莫及的程度。因此作者的观点是：我们最担心的那种轻易就可以摧毁人类文明的超级人工智能是难以出现在现实中的。而作者所理解的现状是，对于构建通用型的人工智能，今天的我们只是站到了起跑线上。

3.4 新型自控系统的应用

利奥在性质上是一个自控系统①，他可以被视为由双层控制结构组成，底层结构采用的是传统型自控系统，其着眼于控制的准确性和稳定性；上层结构采用的是新型自控系统（即前文提出的由反馈控制与前馈控制有机结合的自控系统），其着眼于控制的适应性和灵活性。

本节讨论的内容是关于新型自控系统的应用场景。作者将首先列举传统型自控系统的两个应用实例，然后将新型自控系统与之比较，进而发掘出新型自控系统所适合的应用场景。

3.4.1 传统型自控系统的应用实例

传统型自控系统多以反馈控制为主，以生活中使用的淋浴用热水器为例，它的控制方法可以具体描述如下：用温度传感器测量热水器中的水温，当水温低于60℃时加热，当水温超过70℃时停止加热。这样一个反馈控制系统可

① 自动控制系统是指在无人直接参与的情况下，生产过程或其他过程可按期望规律或预定程序进行的控制系统，简称自控系统。

以在无人参与的情况下使得水箱中的水温始终保持在60℃至70℃之间。反馈控制属于闭环控制，对于被控变量的控制较为精确。

前馈控制也是传统型自控系统的一种。前馈控制属于开环控制，它通过测量干扰变量力图避免预期出现的问题。比如一个加热炉，需要为管道中的冷原油加热，以保证管道出口处的原油温度。这个例子的控制方案可以如下设定：测量入口处的冷原油的流量，流量偏大就向炉膛中增加燃料量，原油流量偏小就减少燃料量，如果燃料增加的量和时机都掌握得很好，就有可能在炉膛中将干扰克服，从而把出口原油的温度控制得稳定。从例子中可以看出，前馈控制是种事前控制，带有一定的预测属性，这正是人类所擅长的做事方式。但前馈控制因控制方案不易设计，并且单一开环系统的应变能力较差，在生产实践中的应用较为少见。

3.4.2 新型自控系统的特点

通过本书之前的介绍，我们可以总结出新型自控系统比照传统型自控系统所具有的一些特点：

（1）新型自控系统只需要设计者制定出评估方案，而传统型自控系统则需要设计者制定出控制方案。当面对复杂情况时，要为系统设计出一套合适的控制方案是异常困难的。相反，如果设计者着眼于结果而不是过程，那么设计难度将大大降低。

（2）新型自控系统的控制方案是系统在适应环境的过程中自动形成的，其内容主要反映在神经网络的连接结构和连接权值上，是动态变化着的，因而新型自控系统具有非常好的应变性。此外，新型自控系统可以接受外部培训，这使它能够向着人们所期望的方向形成控制方案。相比之下，传统型自控系统的控制方案是预先设定的，当面对一个多变的环境时难以适应变化。

（3）新型自控系统将反馈控制与前馈控制有机结合。针对具体的评估指标，由反馈控制所择优的控制方案（经验）被系统自动应用于前馈控制环节，这使得新型自控系统能够根据对实际情况的预判实施控制方案。

（4）新型自控系统的评估措施有奖有惩，这使得系统在形成优质控制方案的同时也获取了劣质控制方案的内容。在很多时候，有效地避开劣质方案的使用有助于系统最大限度地避免极端情况的发生。

（5）新型自控系统兼容多项评估指标，它能够按照分时的原则优先处理重要指标事项，这使得新型自控系统在面对复杂环境时具有较高的工作效率。

3.4.3 新型自控系统的应用展望

那些对控制的灵活性要求较高但对控制的精度要求不高的应用场景，比如模糊控制领域，将会是新型自控系统首先施展才华的空间。此外，随着人们对大脑了解的深入，更多的机械式机制将被解读，届时新型自控系统将在人类所擅长的预测、分析、推理等相关方面发挥特长。接下来作者就一些具体领域，展望一下新型自控系统的应用潜力。

（1）汽车无人驾驶

汽车无人驾驶所涉及的自动控制可以被认为是一种模糊控制，它对控制的精度要求不高但对控制的灵活性要求较高，这正是新型自控系统所擅长的领域。

首先，汽车行驶所面临的环境是现实环境，道路、天气、交通等情况复杂多变，这对于只具有确定性控制方案的系统来说不易胜任，而具有自适应特性的新型自控系统将更容易表现出色。此外，自适应的特性能够使新型自控系统在模拟的环境下通过试错的方式积累应对突发状况或极端状况的经验。

其次，至少从原理上看，汽车被新型自控系统驱动将比被人类驾驶，表现得更为敏捷。新型自控系统把车身视作身体，把方向盘、车轮、油门、变速箱、制动装置等部件视作身体的一部分，它将车轮的滚动、方向盘的转动、刹车的制动等当作自身的动作，并不断的调整自身的动作去适应空间的信息变化。被新型自控系统驱动，汽车的行驶与人的奔跑相似是直接反应，而由人驾驭的行驶却相当于间接反应，相比之下前者表现得更为敏捷。

再次，随着新型自控系统相关机制的完善，无人驾驶汽车将可以在定位导航方面摆脱对 GPS 系统过度依赖的现状。近 50 年来，生物学家陆续通过发现和研究大脑的位置细胞、方向细胞、网格细胞、边界细胞，解析了大脑定位导航的部分机制和原理。利奥在设计上借鉴了目前生物学领域所取得的成果，将视觉识别、路径规划、运动控制等环节纳入到神经网络的运行之中，实现了初级的自主定位导航的功能。

（2）电子游戏

电子游戏领域也有可能成为新型自控系统的热门应用领域之一。由于电子游戏运行于软环境，设计者们因此可以不用考虑智能体在硬件传感器方面的设计与制造的难题，这将有利于新型自控系统在此领域的推广。类似利奥这样的智能体，它在游戏中所扮演的角色将是个性化的。比如在战略类的游戏中，它可以成为你的队友，也可以成为你的对手。如果以一种乐观的眼光去看待一个设计上优秀的智能体，它或许能够通过学习和模仿，历经磨练和成长，成为不逊于人类的出色玩家。

（3）自然语言处理

自然语言处理是人工智能领域中的一个重要方向。基于新型自控系统，人们将可以制造出经过培训便可以理解某些简单对话的作业型机器人。在一些人类无法参与的极端环境中（比如火灾现场），作业型机器人将充分发挥作用，按照人们的语言指示完成现场工作。不过作者需要指出，要想让新型自控系统十分接近或达到人类的自然语言处理水平，任重而道远。以利奥为例，自然语言处理水平的提升依赖于其综合智能水平的提升，但综合智力水平的提升显然并非易事。此外，新型自控系统将很难象传统型的人工智能系统那样进行大规模的自然语言处理（比如迅速的完成一本书籍的翻译工作）。

纵观当今的自然语言处理，语义的缺失及语义建模的不完善制约了语言处理水平的发展。在本节的末尾，作者向对此领域感兴趣的读者推荐一个项目，这个项目由学者梁冰发起。梁冰通过把语义模型化及信息结构化，构建了一套“理解式”的自然语言处理方案。这套方案以语义处理为核心，统计处理为辅助，所采用方法是对传统方法的一种突破。梁冰发起的项目正处在初创期，相信项目成熟后将会为搜索引擎、机器翻译、专家系统等具体领域的技术发展提供新的动力。

番外篇

物质与弹性时空

一、背景

物质、空间、时间以及它们三者之间的关系，一直以来都是物理学研究的核心问题。本书所讨论的这部分内容和前面章节的关联性不大，因此独立成篇。作者提出的机械式的大脑的观点摒弃了自由意志的主张，这从生物学的角度支持了决定论。但在物理学领域，量子效应似乎表明了因果律的失效。和很多人一样，作者对相关话题抱有极大的兴趣，希望能在哲学层面上将微观世界与宏观世界，以及不同学科之间的结论统一。

作者从爱因斯坦相对论的部分结论出发，提出了弹性空间的假想模型。随着本篇内容讨论的深入，作者逐步对假想模型加以完善，力图使假想模型反映出的效果尽可能地与已知的物理现象相符。不过作者在此声明：既没有实验数据，也没有数理推导，作者完全基于假设去处理物理学问题的方法是不严谨的。之所以作者乐于推介本篇内容，是因为透过本篇中的假想模型，人们有希望看到一个在形式上统一的宇宙。作者谨希望本篇的讨论能给物理学的工作者们一点有益的启示，同时也希望能有更多的读者喜爱上物理学。

决定放弃对自由意志的坚持时，作者便开始思考决定论和量子力学的关系。决定论认为，万物都已经由物理定律所规定下来，过去和未来就像已经写好的剧本，宇宙的发展只能严格地按照剧情进行。决定论在 18 和 19 世纪几乎统治了物理学界，但在 20 世纪遭到了来自量子力学的严峻挑战。

一个挑战是海森堡于 1927 年提出的“不确定性原理”，即人不可能同时准确地知道一个粒子的位置和它的速度，位置测定得越准确，速度的测定就越不准确，反之亦然。这是因为人们对微观粒子的测量行为会不可避免干扰被测量粒子的状态。用海森堡自己的话说：“若确切地知道现在，就能预见未来，这种因果律的陈述，其错误之处并不是结论，而是前提。我们不能知道现在的所有细节，是一种原则性的事情。”

决定论遭遇的另一个挑战来自于哥本哈根学派将“物质波”解释为“概率波”。1924年，法国物理学家德布罗意提出了物质波的概念（也称德布罗意波），指出波粒二象性不只是光子才有，一切微观粒子，包括电子、质子和中子，都具有与本身能量相对应的波动频率或波长。据此为研究起点，以德国物理学家玻恩为首的哥本哈根学派系统地提出了一种理论体系，把物质波解释为粒子出现的概率波，认为波函数不表示一个粒子确定的运动方向与确定的轨道，却说明粒子占据空间某一点所存在的概率。波恩的意思是，概率是深藏于粒子本身的一种属性，微观世界粒子的存在状态是满足某种概率分布下的随机。

作者认为：不确定性原理并未对决定论构成实质性威胁，不确定性原理只能说明人对微观世界的观测能力存在极限，而由这种极限所引起的观测的不确定性，不应该被视为是物理世界本身的不确定性。但是概率波的说法却颇有杀伤力，它从根基上动摇了决定论这座大厦。概率波的说法很大程度上起源于波恩对电子双缝干涉实验[①]的解释。电子双缝干涉实验被认为是史上最富于量子力学味道的实验，是理解量子力学本质的关键。图4.1所示的实验向

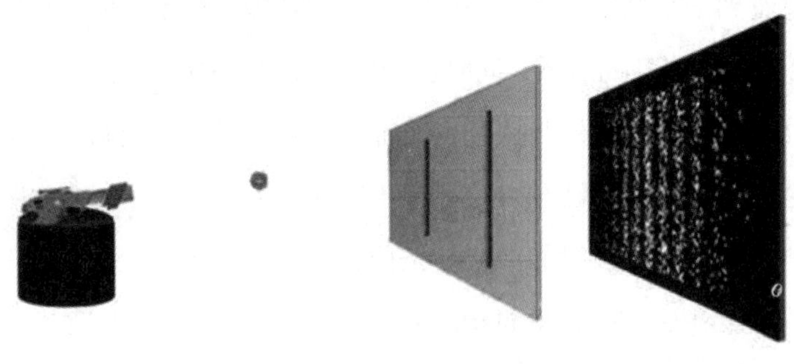

图 4.1 电子双缝干涉实验

① 建议感兴趣的读者观看动漫科普视频“双缝干涉实验—《兔子洞里到底是什么》”。

人们展示：即使电子一个一个地发射，只要时间足够长，仍可得到与电子群发相同的干涉图样。更不可思议的是：当人们采用检测手段去探测电子究竟通过哪条缝隙时，干涉图样随即消失。

玻恩对于这个实验的解释是：电子是一个在空间中扩散开去的波，所以即便一个电子也可以同时穿过两条狭缝，产生干涉。电子到达接收屏时，概率波将给出电子在屏上分布的概率。过程中如果人们试图在狭缝处检测电子，处于叠加态的波受到干扰坍塌，因而干涉消失。

虽然概率波的说法至今仍被视为正统，但哥本哈根诠释自诞生以来饱受质疑，爱因斯坦和薛定谔就是质疑队伍中的两名先锋。爱因斯坦提出的 EPR 佯谬的思想实验试图说明哥本哈根诠释至少是不完备的，鬼魅般的超距作用不该在物理学里出现。薛定谔提出的叠加态的猫的思想实验把微观世界的不确定性引入到了宏观世界，使得现实世界中萌生了那只令人费解的既死又活的猫。在爱因斯坦百年诞辰的纪念会上，爱因斯坦的同事约翰·惠勒提出了延迟选择思想实验（delayed choice experiment），实验结论似乎暗示着未来可以决定过去。

凡此种种矛盾，是何原因？为了一探究竟，让我们再次翻阅时间的丛书，一同回顾一下“以太”的前世今生。以太是物理学史上一种假想的物质概念，其内涵随物理学发展而演变。以太的概念最先由古希腊哲学家亚里士多德所提出。17 世纪，笛卡尔将以太引入物理科学并赋予它某种力学性质。在笛卡尔看来，物体之间的所有作用力都必须通过某种中间媒介物质来传递，不存在任何超距作用。因此，空间不可能是空无所有的，它被以太这种媒介物质所充满。牛顿虽然在光学上提倡微粒说，但他也借助以太的稀疏和压缩来解释光反射和折射，甚至假想以太是造成引力作用的可能原因。

19 世纪，以太观念真正展现威力，它被作为光波的媒介同光的波动学说相联系。1825 年前后，英国的托马斯·杨和法国菲涅耳提出光的波动说理论，波动说成功地解释了干涉、衍射、双折射、偏振，甚至光的直线传播现象。其后，以太在电磁学中也获得了地位。19 世纪 60 年代，麦克斯韦借用以太观念成功地将法拉第的电磁力线表述为一组数学方程式，它被人们称为麦克斯韦方程组，麦克斯韦指出传播电磁与传播光只不过是同一种介质以太而已。1888 年，赫兹以实验证明电磁波的真实存在，这个事实曾一度被人们理解为证实以太存在的决定性实验。

19 世纪 90 年代，洛伦兹提出了电子的概念。他将物质的电磁性质归结为物质中同原子相关的电子的效应，至于物质中的以太则同真空中的以太在密度和弹性方面并无区别。洛伦兹的上述理论被称为电子论，电子论的成功使得在 19 世纪结束之前，所有的物理似乎都可以简化为以太的物理。

虽然以太的观念在当时的物理学界大行其道，但怀疑论者指出光波的振动要求以太具有弹性固体的性质，它必然十分坚硬，以致于光波能够在其中穿行几亿亿公里来到地球。但为何这些坚硬无比的以太却不能阻挡任何一颗行星或者彗星的运动，哪怕是最微小的灰尘也不行。事实是从来就没有任何人能够看到或者摸到以太，也没有实验测定到它的存在。

另外，当人们深入思考麦克斯韦方程组时，也发现了问题。由麦克斯韦方程组推出的光波与电磁波的常定传播速度，究竟是相对于哪一个参考系而言的？从麦克斯韦的电磁理论看，以太是测定光速的绝对参考系。事实上，以太在这里成了牛顿力学中物化了的绝对空间。当地球以每秒 30 公里的速度绕太阳运动时，就必须会遇到每秒 30 公里的“以太风”迎面吹来，同时，它也必须对光的传播产生影响。1887 年，迈克尔逊和莫雷进行了非常仔细的实验，目的是测量地球在以太中的速度，即以太风的速度。如果存在以太，则当地球穿过以太绕太阳公转时，在地球运动方向上测量的光速应该大于在与运动垂直方向测量的光速。实验结果显示，不同方向上的光速没有差异，从而否定了以太风的存在。

1905 年爱因斯坦大胆抛弃了以太说，认为光速不变是基本的原理，并以此为出发点之一创立了狭义相对论。爱因斯坦的观点得到了普遍承认，随后被推广到整个物理学领域。然而，以太作为媒介对象的功用并未就此消失。1924 年，德布罗意正是在以太思想的启发下提出了物质波的假说。鉴于以太的观念已被废弃，物理学家们不得不直面物质波的物理意义到底是什么？人们遇到了一类新的问题，这类问题迫使人们要借助两种互相矛盾的的观点来描述现实。从“光是粒子还是波”的争论开始那天起，物理学家们似乎就走进了一个迷幻的世界。由于以太（介质）被抛弃，物理学家们只好无奈地将波的属性赋予至粒子本身。“波粒二象性”学说的尾声是：薛定谔将物质波的概念和波动方程相结合创建了波函数；波函数的物理意义被哥本哈根学派解释到极致 — 概率波。从此，物质波便幻化为幽灵般的量子迷雾笼罩在每一个人心头。

二、弹性的空间

爱因斯坦在广义相对论中提出，引力不像其他种类的力，它只不过是时空不平坦这一事实的结果（如图 4.2）。像地球这样的物体并非由于称为引力的力使之沿着弯曲轨道运动，相反，它沿着弯曲空间中最接近于直线的路径运动。水星近日点的进动、光线在经过太阳附近时的偏折，这些现象都很好地验证了爱因斯坦关于大质量物体使周围空间发生弯曲的预言。

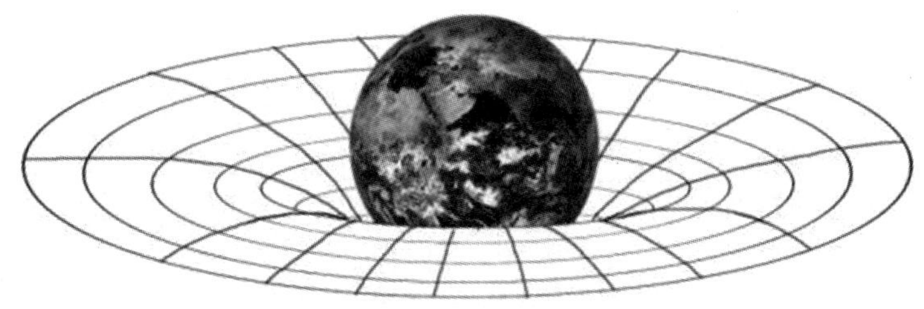

图 4.2 大质量物体使周围空间发生弯曲

顺着爱因斯坦的思路继续前行，我们不可避免地会遇到如下的问题：大质量物体在运动的过程中其身后被弯曲过的空间，是保持弯曲状态不变？还是会逐渐恢复平坦？作者的回答是后者。否则你可以想象，在太阳运行过的轨道上犹如处处都有太阳，那样的话地球的运行情况将不会是人们今天见到的这个样子。既然如此，我们不禁继续要问：大质量物体身后被弯曲过的空间以什么样的方式恢复平坦？同理，它将要达到的前方空间又会以什么样的方式变弯曲？作者认为，振动是个非常可行的方案。为此，作者将爱因斯坦的物体弯曲空间的说法延伸性地描述为：空间是弹性的，方式是振动的，物体（物质）与空间是相互作用的。

作者将这个描述推广至微观世界，虽然同样地放弃了“以太说”，但新的描述却保留了弹性，振动的本源不再归结于微观粒子而被归结为空间本身。在此描述下，波粒二象性得以分离开来，粒子性反映的是物质的属性，波动性反映的是空间的振动。

上述假设可以较好地解释电子双缝干涉实验的结果：在电子逐个发射的情况下，单个电子沿运动方向所引起的空间振动在双缝处产生干涉，电子通过其中一条缝隙后会沿着身边干涉增强的空间路径继续前进。因此只要时间足够长，接收屏上就可得到与电子群发相同的干涉图样。之所以检测行为会导致干涉图样消失，是因为电子受到检测粒子束的撞击而改变了运动轨迹。

解释了上面的实验，读者可能又产生了新的疑问：既然作者的假设是从宏观世界推广至微观世界的，为什么在宏观世界向两条狭缝射击子弹得不到干涉图样？表 4.1 显示了依据物质波公式 $\lambda = h/mv$ 计算的不同尺寸的物体在给定运动速度下所引起的空间振动的波长。

	质量或能量（千克或焦耳）	速度（米/秒）	直径或长度（米）	波长（米）	频率（赫兹）
红光光子	2.8×10^{-19} 焦耳	3.0×10^{8}		7.0×10^{-7}	4.3×10^{14}
电子①	9.1×10^{-31} 千克	2.2×10^{6}	小于 10^{-19}	3.3×10^{-10}	6.6×10^{15}
子弹	1.2×10^{-2} 千克	9.0×10^{2}	2.3×10^{-2}	5.9×10^{-35}	1.5×10^{37}
地球	6.0×10^{34} 千克	3.0×10^{4}	1.3×10^{7}	3.7×10^{-73}	8.1×10^{76}

表 4.1 不同尺寸物体的物质波波长

① 电子直径至今尚未有准确测量值，表中数据采用的是丁肇中团队的实验结论。

从以上数据我们可以清楚地看出，微观世界粒子的尺寸虽小，但运动引起空间振动的波长却长；宏观世界物体的体积虽大，但运动引起空间振动的波长却短。运动电子所引起空间振动的波长比自身尺寸大很多，干涉波因此能够影响电子的运动路径；运动子弹所引起空间振动的波长比自身尺寸小很多，因此空间波动对子弹的运动轨迹几乎没有影响。这就好比：在大海上行驶的月牙小船有能力掀起惊涛骇浪，大浪袭来又影响了小船的前进路线；而同样在海上航行的豪华大游轮却只能引起微波荡漾，微波点点并不妨碍游轮的行驶方向。

在分析了物质与弹性空间相互作用的一些属性之后，让我们来看一下弹性空间的假想模型有可能给物理世界带来的影响。

（1）弥合了宏观世界与微观世界的裂痕。弹性空间的假说显示：微观世界与宏观世界遵循同一套物理法则。虽然微观现象和宏观现象的表现形式不同，但它们所反应的物理本质是相同的。

（2）使物理学重新回到了决定论的轨道上。在弹性空间的视角下去解读薛定谔波函数，波函数所反映的内容不再针对粒子本身，而是关于粒子与弹性空间的相互作用。这就从根本上消除了哥本哈根学派对于物质存在状态的不确定性的解释，量子理论回归于因果定律。就如爱因斯坦所言："上帝不掷骰子。"

（3）为"光是横波还是纵波"的疑问提供了一个新的参考答案。横波是指质点的振动方向与波的传播方向垂直的波；纵波是指质点的振动方向与波的传播方向平行的波。惠更斯曾提出过光与声波一样是一种纵波。1808 年，法国物理学家马吕斯在实验中发现了光的偏振现象。偏振是指振动方向对于传播方向的不对称性，它是横波区别于纵波的一个明显标志。因为有实验为证，所以目前主流学说认为光是横波。根据作者提出的假想模型，如果空间是弹性的，那么其振动应该分布在空间的各个方向上。因此作者猜测光子引起的空间振动既有横波成分，又有纵波成分。在光的偏振实验中，是横波成分主导了实验结果。在光的双缝实验中，是纵波成分主导了干涉图样。

三、量子化的启示

作者在提出了弹性空间的设想之后，便试图搜索持类似观点的文章，以寻求理论和证据支持。学者钱凤仪③在《相互作用原理》一书中的论述让作者眼前一亮。他按照普朗克的量子化思想，借助能量有限可分的方法，从数学上推导出了物质波的公式，其结果与德布罗意给出的数学表达式相同。

钱凤仪在完成数学推导后总结道：粒子具有波粒二象性，或粒子是波粒二象性的统一，这种说法是不确切的。更准确地讲，对粒子尤其是微观粒子而言，无论是平坦空间还是弯曲空间，都不能保证粒子严格地做匀速直线运动，或按照短程线所给出的曲线运动。因此，运动粒子表现出的波粒二象性：粒子性反映的是粒子本身的性质；波动性反映的是空间的性质。波粒二象性如同惯性一样，是时空与物质相互作用的结果，这种现象的根本原因来源于物质的有限分割性，以及物质质量的本质是一个物质与空间之间相互交换能量的动态过程。

钱凤仪在《相互作用原理》一书中所论述的内容不止于此，他还对牛顿力学中的万有引力常数 G 进行了深入探讨，提出“G 是引力源的物质密度的函数”的假设，并给出了经验公式，使 G 成为一个同物质质量和其所占空间体积有关的变量。当被讨论空间的物质密度较小时，G 退变为牛顿力学中的万有引力常数。当被讨论空间的物质密度很大时，比如原子核内部及其附近空间，G 的变化使得万有引力不再满足距离平方反比关系，随着被讨论空间的进一步缩小引力将转变为斥力。因此钱凤仪预言：“核力也是万有引力，只不过引力常数因为物体密度不同而发生了变化。或者说，引力相互作用是密度极其低的粒子（物体）所进行的强相互作用。”

在钱凤仪的观点的影响下，作者重新审视了由普朗克提出的量子化[①]思想。

① 经典力学中物理量的值可以连续变化，并且值的大小没有限制。但量子力学中，物理量只能以确定的大小一份一份地进行变化。这种物理量只能采取某些分离数值的特征叫作量子化。

鉴于量子化与极限值之间关系密切，作者因此受到启发进而提出了下面的假设：如果一个物理模型是以量子化为基础的，那么这个模型中一切物理量的值都存在极限值。接着，作者将量子化的方法引入至弹性空间的假想模型，并假设了如下的物理图景：空间不是连续的而是以量子化的形态存在，就仿佛由一块一块无法被继续分割的基本单元搭建而成。空间的基本单元具有弹性的属性，既可被拉伸也可被压缩。空间基本单元的弹性状态也是量子化的，其弹性大小存在极限值。作者的假设表明，空间虽可弯曲，但不能被无限拉伸或无限压缩。

我们可以做如下想象：物质的存在会使空间发生形变，形变的空间又会作用于物质。空间对物质作用的不对称即表现为作用力。当空间处于拉伸状态时，物质间的相互作用表现为吸引，但引力的大小不会无限增长而是存在极限值；当空间处于压缩状态时，物质间的相互作用表现为排斥，斥力的大小同样也存在极限值。多数情况下的星体间作用，其空间的弹性状态处于轻微的拉伸状态，因此星体间表现为相互吸引，这就是万有引力的景象（读者应当清楚，作者在解释物体之间的引力时，把空间作为弹簧的类比是为了便于阐明观点。而实际上，在假想模型中太阳对地球的引力是指：太阳的质量导致地球周围空间的弹性状态发生改变，弹性空间对地球作用的不对称性产生了指向太阳的压力）。但在原子核内部，粒子间的作用情况相对复杂，范围的变化对空间的弹性状态有很大的影响。以原子核内的两个粒子之间的相互作用为例（见图 4.3），作者的猜想是：当粒子间的距离达到某一尺寸 a 时，

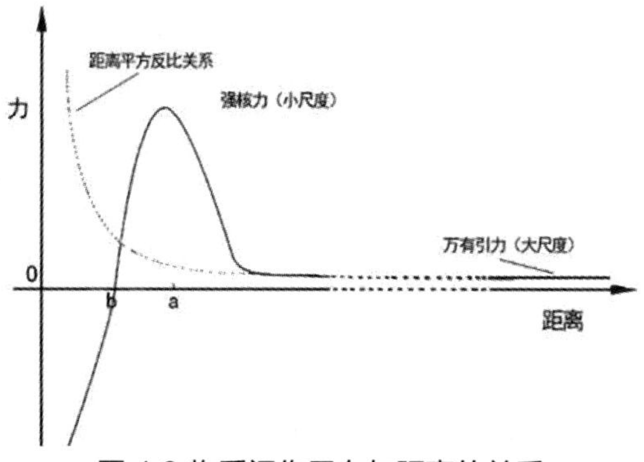

图 4.3 物质间作用力与距离的关系

空间处于极度拉伸状态，两个粒子间的引力呈现极大值。大于这个尺寸，引力随距离的增大而减小；小于这个尺寸，引力随距离的减小而减小。当粒子间的距离缩小至某一尺寸 b 时，空间反而成为平坦，粒子间的引力消失。若距离继续缩小，空间将呈现压缩状态，粒子间的作用表现为排斥，因此两个粒子难以融合在一起。以上假设性的描述反映了强相互作用的景象，这个景象或许能够为渐进自由现象提供一种可能的理论解释①。

量子化的方法被作者应用于假想模型之后，引力相互作用与强相互作用成为同一种作用，都是物质与弹性空间的相互作用。这种相互作用在长程上表现为万有引力，在短程上表现为强核力。之所以物质间作用力的大小不能按照某种趋势（比如距离平方反比关系）无限发展，正是由于量子化模型中物理量的值存在极限值的特性造成的。

读者或许已经注意到，作者提出的假想模型中不会出现“黑洞”②，信息守恒定律因此不被违反。所谓黑洞，就是时空曲率大到光都无法从其视界逃脱的天体。依据广义相对论中的黑洞理论，当一颗恒星衰老时，它的热核反应已经耗尽了中心的燃料，由中心产生的能量再也没有足够的力量来承担起外壳巨大的重量。所以在外壳的重压之下，核心开始坍缩，物质将不可阻挡地向着中心点进军，直到最后形成体积接近无限小、密度几乎无限大的星体。而当它的半径一旦收缩到一定程度（小于史瓦西半径），质量导致的时空扭曲就使得即使光也无法向外射出 — 黑洞就诞生了。

在量子化的假想模型中，空间不能被无限压缩，物质的密度存在上限。当坍缩物质的密度超过某一临界值时，空间的弹性作用会从吸引变为排斥，近乎极限的坍缩将不可避免地导致反弹，因此黑洞无法出现，空间中不会形成数学意义上的奇点。现实世界中，原子核中的核子数大到一定程度时，原子核会立刻分裂，这一物理现象也从侧面反应了空间的承载能力很有可能存

① 渐进自由之意为胶子如橡皮筋般拉住夸克，夸克之间距离愈近就愈自由，而一旦离远则被橡皮筋般的胶子拉回，故而胶子及夸克共同组成了质子、中子等强子结构。

② 作者关于宇宙中不存在黑洞的想法在很大程度上受到了钱凤仪的观点的影响。

在上限，宇宙中难以出现黑洞。

四、大统一理论的猜想

近代物理确认各种物质之间的基本的相互作用可归结为四种：引力相互作用、电磁相互作用、弱相互作用和强相互作用。理论上宇宙间所有现象都可以用这四种作用力来解释，寻找能统一说明四种相互作用力的理论或模型称为大统一理论。这一理论最初源于对电和磁的研究，麦克斯韦证明它们是电磁现象的同一种基本相互作用的两个方面，可以用同一组方程式加以描述，由此奠定了电动力学的理论基础。60年代格拉肖、温柏格、萨拉姆三位科学家提出弱电统一理论，把弱核力和电磁力统一起来，这种统一理论可以分别解释弱相互作用和电磁相互作用的多种现象，1983年实验发现了理论中预言的粒子，这使得弱电统一理论被广泛的接受。而前文介绍的钱凤仪的学术观点，恰好为万有引力和强核力的统一提供了一种理论上的可能。我们知道在四种作用力之中，万有引力和电磁力都是长程力，如果能够找出某种方案再将这二者统一起来，那么大统一理论的框架就具有雏形了。

接下来，作者向大家推荐一部名为《从涡旋到光与电的演生》①的网络视频，它源自集智俱乐部张江举办的一次学术讲座。主讲人尤亦庄从涡旋的动力学特性出发，以生活中一些常见的现象做例子，向人们揭示了在二维空间内，涡旋动力学与电动力学无论在物理描述上还是在数学表达上，都具有惊人的相似性和形式的统一性。作者将视频中的部分文字和图片内容摘录如下。

涡旋是一种在流体中常见的运动形式，它指的是在一定范围内流体围绕涡旋中心做持续性的旋转流动。涡旋广泛地出现在各种尺度上，包括木星上的气旋和咖啡杯里的漩涡。如果找一个闲暇的下午，你坐在咖啡厅里观察一下涡旋的世界，就会发现以下一些有趣的物理现象：

① 视频内容在优酷网站可以找到，全名为《从涡旋到光与电的演生 — 漫谈凝聚态物理新思潮（上）》。

（1）涡旋按照其旋转方向可以分为正涡旋（逆时针旋转）和负涡旋（顺时针旋转）两种，见图 4.4。正负涡旋可以互相湮灭，并释放旋转的能量。

（2）一个孤立的涡旋总是随着背景流体一起流动，没有惯性。涡旋似乎是无质量的。

（3）一对反向旋转的涡旋总是束缚在一起平行运动。比如匙子划过咖啡表面，后面的两个涡旋会一起脱离匙子，并顺着尾流运动。

图 4.4 涡旋附近的流场

涡旋的这些特点暗示我们可以把涡旋类比为电荷，那么涡旋之间是否也像电荷一样同性相斥、异性相吸呢？答案是肯定的，同向涡旋之间确实存在类似于静电作用的斥力，而相反涡旋之间则表现为引力。这个作用源于流体力学的伯努利原理。伯努利原理通俗的解释就是在水流或气流里，速度小的地方压强就大，速度大的地方压强就小（见图 4.5）。因为涡旋生活在二维的

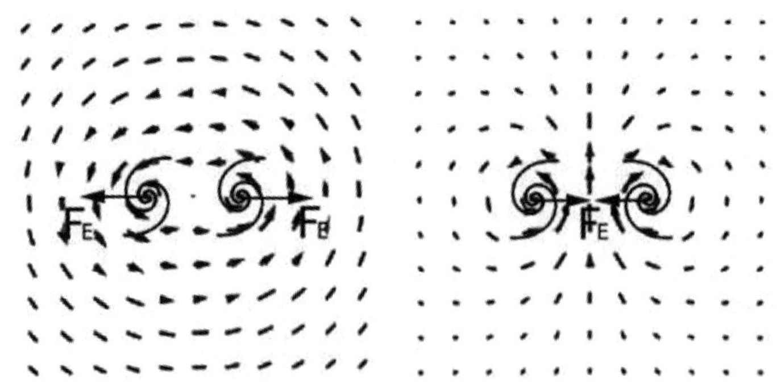

图 4.5 涡旋附近的流场

世界里，演生的电场线也只能在两个空间维度上散开，这样电场强度就不会衰减得像在三维空间中那么快，结果就得到一次方反比的静电作用。可以证明，涡旋之间的相互作用满足二维世界的库伦定律。

如果两个相反涡旋之间具有所谓的静电吸引，那么它们为什么不像双星一样相互绕转呢？这是因为除了演生的电力，涡旋还受到演生的磁力的作用。也就是说，当涡旋在流体中运动的时候，会受到垂直于运动方向的偏转力。它的起源与足球比赛中香蕉球的原理相同，其效果就像电荷在均匀磁场中运动会受到洛伦兹力一样。所以对于涡旋来说，流体背景就像一个均匀的磁场一样，其磁场强度正比于流体的密度。当作用在涡旋上的演生电场力和演生磁场力平衡的时候，就出现了我们看到的咖啡杯里一对相反涡旋在一起平行运动的景象（如图 4.6）。

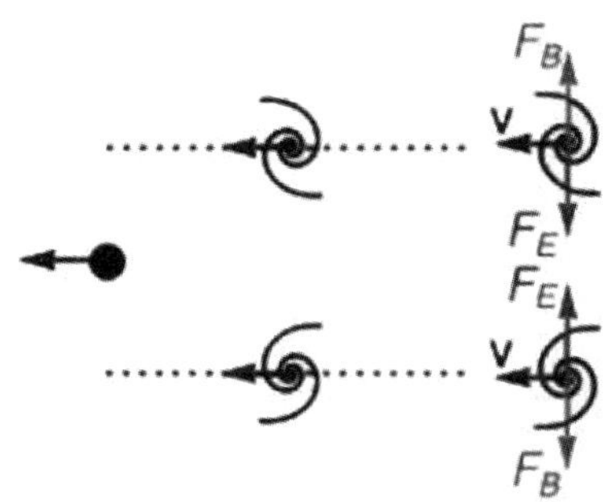

图 4.6 匙子激发的正反涡旋对的受力分析

我们看到电场和磁场都出现了，那么会出现电磁波吗？答案仍然是肯定的。如果把涡旋类比为电荷，那么演生的电磁波就是流体中的声波（密度波）。可以证明在二维空间内，电磁波的麦克斯韦方程与声波的欧拉方程在形式上是完全对偶的。电动力学中的电磁感应就等价于流体力学中的流守恒方程：电磁波中电场和磁场交互激发的过程，相当于是流体中流动（电场）导致密度积累（磁场），而密度积累（磁场）又驱动新的流动（电场）这样的过程。综上所述，我们可以建立如下类比关系：电动力学 = 涡旋动力学；电荷 = 涡旋；磁场 = 流体密度；电场 = 流体速度；电磁波 = 声波。

以上摘录的内容显示了二维空间内电荷在电磁场中的行为就像涡旋在流体中的行为一样。这些惊人的对偶性让我们有理由认为：二维空间内的电动理论与涡旋理论描述的是同一物理基本规律。如果我们再进一步，采用弹性空间的假设，那么空间就可以发挥像流体那样的作用。在这样的情况下，电荷不再被理解为粒子，而被视为“空间的涡旋”，或者说电荷是指由于物质与弹性空间的相互作用而引发的空间的某种特殊形式的振动。倘若我们能够把电荷作为“空间的涡旋”的解释从二维世界拓展到三维世界，那么电磁相互作用的本质也将变得与引力相互作用一致，都成为物质与弹性空间的相互作用。当然，将二维世界的物理图景拓展到三维世界并非易事，首要的问题就是，一个什么样的涡旋能够满足从三维世界的各个方向上观察性质都相同（比如都是顺时针旋转）？

虽然问题尚存，但出于对爱因斯坦的“自然界应当满足原则简单、形式统一”的哲学思想的笃信，作者还是倾向于认为这项推广工作在理论上有可能完成。如此，人们有希望看到以下一种可能性：四种基本相互作用被统一到弹性空间的假想模型之中。参照万有引力与强核力的对比关系，我们可以联想到由于空间的弹性状态在原子核内部发生显著变化，电磁力在短程上将表现为弱核力。因而作者预言：在原子核内部某一狭小的空间范围内，库仑力不再满足距离平方反比关系。

五、弹性的时间

讨论过了空间的话题，让我们再来聊聊时间。爱因斯坦在相对论中提出，不能把时间和空间分开解释，时间与空间一起组成四维时空，构成了宇宙的基本结构。在作者提出的假想模型中，由于人们通常所理解的像河水般默默流淌的连续型的时间无法和量子化的空间匹配，所以需要重新确定时间的物理意义。

在量子化的空间模型里，如果有样东西可以被称呼为时间，那么作者认为这样东西至少应该同时满足两个条件：一是能够反映空间基本单元的状态的变化。二是可以像一张大幕一样在空间全域铺开。作者假定：空间基本单元的弹性状态的变化（即空间的振动），以及弹性状态的变化在空间中的传递（即振动的传播），二者共同构筑了宇宙的变化的背景，这个背景就是时间。作者进一步假定：空间的振动和振动的传播，二者在物理上存在规律性的联系。由此，空间全域的所有变化得以关联，变化的“同时性”问题因此得到解决。此外我们还能发现，空间的振动和振动的传播二者在物理上的联系可以由波速公式 $v=f\lambda=f/(1/\lambda)$ 体现。其中，f 是振动频率，反映了空间的振动的节奏；$1/\lambda$ 是波数，反映了振动在空间中的传播的面貌。在量子化的模型中，用一种变化的节奏做基准去衡量另一种变化，其比值关系即含有时间的意义。因此，在作者提出的假想模型中，振动在空间中的传播速度 v 可以被当做时间的量尺。

广义相对论预测质量产生的引力场将影响时间，在像地球这样的大质量物体附近，时间会流逝得更慢一些。1962 年，人们利用一对安装在水塔顶上和底下的非常准确的钟，验证了爱因斯坦的预言。[25] 作者将“物体拖慢时间”的这个观点应用于假想模型，时间因此变得像空间一样富有弹性，其物理图景如下：空间在物质的作用下弹性状态（即曲率）发生改变。如果某个区域所在空间的弹性状态处于重度拉伸，那么振动在这个区域传播的速度就慢，即时间流逝的慢。反之，在处于轻度拉伸状态的空间区域内，振动传播的速度快，时间流逝的快。

在假想模型中，因为空间各处有各自的弹性状态，所以各处就有各自的时间流逝节奏，即时间是相对的。这个结论反映在引力场中，意味着每条等势线上都有属于自己的时钟（如图 4.7）。时钟走得快慢既取决于引力源的质量，也取决于时钟与引力源的距离。对于一个确定质量的引力源，越靠近引力源的地方时间流逝的越慢，越远离引力源的地方时间流逝的越快。如此看来，我们平常所说的时间，只能代表本地一定区域内时间流逝的大体情况，并不具有全局的普适性。你手表里的时间至多只能反映地球附近的时间状况，而人造卫星上有属于人造卫星的时间，正是充分考虑了时间的相对性，GPS 系统才做到了精准定位。

图 4.7 引力场对时间的影响

狭义相对论预言：真空中的光速是物体运动的极限速度，以光速运动的物体其时间停止流逝。把此预言推广至假想模型，我们便可以得到以下物理效果：光速成为时间的量尺。作者将通过描述光子在假想模型中的行为来说明为什么我们可以把光速作为时间的量尺。

在假想模型中，运动的光子引起空间的波动，空间的波动又推动着光子前行。由于光子的静止质量为零没有惯性，因此光子表现为“随波逐流”。光子就像冲浪运动员一样始终置身于浪尖，脚下踩着的浪花从不变形。因为没有感受到变化，所以对于光子而言时间似乎停止了。前面曾提到，振动在空间中的传播速度可以被当做时间的量尺。而“随波逐流”的性质使得光子的运动速度与振动在空间中的传播速度一致，所以光速也就成为了时间的量尺。

综上，目前的假想模型至少包含以下两个特性：一是引力场中不同等势线上的时间流逝快慢不同。二是时间流逝的快慢就反映了光速的快慢。依据这两个特性我们可以得出：引力场中不同等势线上的光速快慢不同。越靠近引力源的地方光速越慢，越远离引力源的地方光速越快。然而，狭义相对论的一个基本假设是：光在真空中总是以确定的速度 C 传播，速度的大小与观察者所处的惯性系无关。这个假设意味着在一般情况下，观察者在假想模型的引力场中的任意等势线上，所测量的流经身旁的光的速度都会是 C。因而我们可以得出以下推论：在假想模型中，光速 C 是相对的。

下面作者将通过一个例子来描绘时间和光速具有相对性的情景。如图 4.8 所示，一对孪生兄弟被派往 M 星球及其附近空间执行测量光速的任务。M 星球的质量超大，宇宙飞船抵达 M 星的同步轨道后，哥哥前往 M 星球表面测量光速，弟弟则留在宇宙飞船上测量光速。兄弟二人都被要求完成另外一项任务，就是观察对方的测量过程并给出陈述。

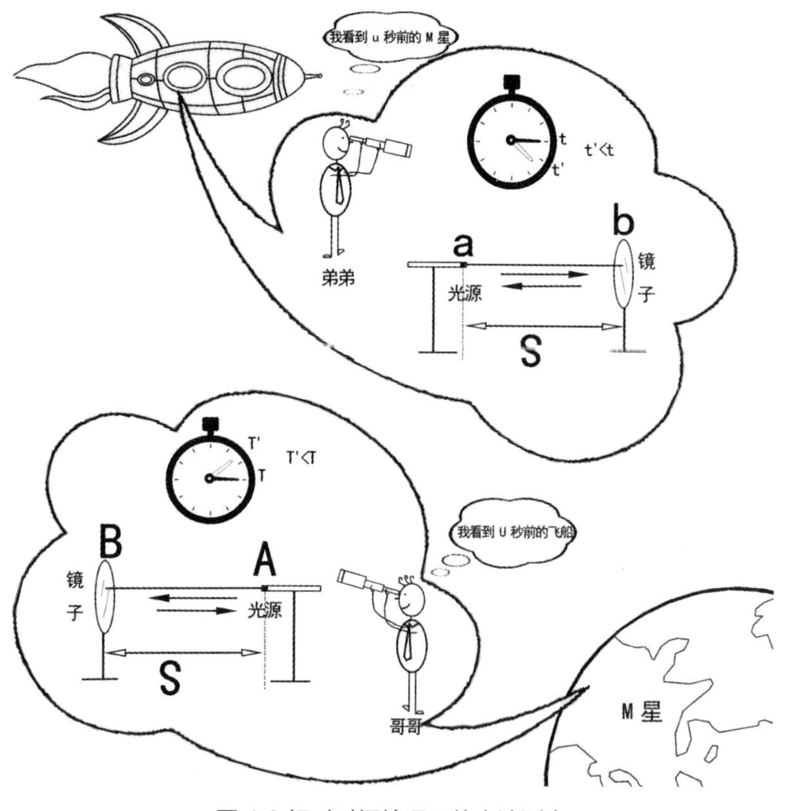

图 4.8 相对时间情况下的光速测定

哥哥在 M 星上选取距离为 S 的 A 和 B 两处位置，在 A 处放置光源，B 处放置平面镜。光从 A 处发射，到达 B 后返回至 A。哥哥手中的表显示往返过程共耗时为 T。经过计算 2S/T，哥哥得出的结果为 C，即真空中的光速。

弟弟在宇宙飞船上选取了距离同样为 S 的 a 和 b 两处位置，测量方案与哥哥一样。弟弟手中的表显示光由 a 处发出后又返回的时间为 t，经过计算 2S/t，弟弟得出的光速结果也是 C。

弟弟观察哥哥的测量过程的报告如下：A 和 B 两处相距 S，光从 A 处发射，到达 B 后又返回至 A。我手中的表显示整个过程共耗时 t’，并且 t’>t，因而 M 星球表面的光速小于 C。有一件事让我觉得很奇怪，我发现哥哥操作仪器的动作过于迟缓，一点也不像他平时雷厉风行的作风。顺便说一句，我此次操作仪器的节奏是非常规范的。

哥哥观察弟弟的测量过程的报告如下：a 和 b 两处相距 S，光从 a 处发射，到达 b 后又返回至 a。我手中的表显示整个过程共耗时 T’，并且 T’<T，因而宇宙飞船上的光速大于 C。有一件事让我觉得很奇怪，我发现弟弟操作仪器的动作过快，一点也不像他平时处事谨慎的作风。顺便说一句，我此次操作仪器的节奏是非常规范的。

上述奇怪现象发生的原因在于时间是相对的。时间的相对性致使光速也呈现相对性，事实上，光速就是时间的写照。哥哥和弟弟每个人都感觉自己的世界是正常的：时间流逝正常，光速正常。在各自测量本地光速的情况下，哥哥表中的读数 T 和弟弟表中的读数 t 在数值上是相同的，二人计算出的光速值也是相同的。然而，表的读数虽相同“分量”却不同，光速值虽相同“分量”也不同。这就好比，同为一百元，一百美元和一百日元的价值是有差别的。正是由于相对性的存在，所以当兄弟二人依据自己手中的表去观察对方时，看到的情况会显得有些奇怪。弟弟看哥哥的世界，事件都在慢放；哥哥看弟弟的世界，事件都在快进。

此外需要指出，兄弟二人观察彼此是通过接收对方发出的光信号来实现的。光信号在 M 星和宇宙飞船之间传播，虽然只有一个传播距离，但二人所理解的传播的时间却是不相同的。对哥哥来说，光信号从宇宙飞船上发出并传播到 M 星的过程中，光速由大逐渐变小最终变为正常值，其平均速度大于 C。对弟弟来说，光信号从 M 星发出并传播到宇宙飞船的过程中，光速由小逐渐变大最终变为正常值，其平均速度小于 C。哥哥会认为他看到的是 U 秒之前的宇宙飞船（这就好比地球上的我们看到的其实是 8 分钟之前的太阳）；弟弟将认为他看到的是 u 秒之前的 M 星。我们不难发现，关于光信号的传播时间，哥哥的读数 U 小于弟弟的读数 u。

依据上面的观点，“雷达回波延迟”现象可以被更清楚地解释。实验人员利用雷达发射一束电磁波脉冲，经其他行星反射回地球被接收。当来回的路径远离太阳，过程耗时记做 t1；当来回路径经过太阳近旁，过程耗时记做 t2。观测结果显示 t2 大于 t1。这个现象被称为雷达回波延迟。我们可以认为，产生延迟的原因是由于时间和光速具有相对性。从地球上观察，太阳的大质量拖慢了自身周围的时间，减慢了流经身旁的光的速度，因而导致了延迟现象的发生。

六、小结

最后，作者为本篇内容做个小结。在广义相对论和狭义相对论的基础上，作者提出了一种弹性时空的假想模型。同时，作者将量子化的思想引入到了假想模型之中。依据假想模型的设定，宇宙中的一切物理现象都归结为物质与弹性时空的相互作用，物质告诉时空如何弯曲，时空告诉物质如何运动。经过粗略的观察，假想模型似乎并未与已知的物理定律或物理现象有明显的冲突。

参考文献

[1] 吴健辉，罗跃嘉 . 盲人的跨感觉通道重组 [J]. 心理科学进展，2005，13(4): 406–412.

[2] 王福兴 . 人的视觉与眼动的基本模式 [EB/OL]. 百度文库 , 2014–04–30.

[3] 计算机视觉 [EB/OL]. 百度百科 .

[4] 人工智能三大学派综述 [EB/OL]. 百度文库 .

[5] 布莱克摩尔 . 人的意识 [M]. 耿海燕 , 李奇译 . 北京 : 中国轻工业出版社，2008 年：14，36，59，113，117.

[6] 杰夫・霍金斯，桑德拉・布拉克斯莉 . 人工智能的未来 [M]. 贺俊杰，李若子， 杨倩译 . 西安：陕西科学技术出版社，2006 年 :44.

[7] 祖母细胞 [EB/OL]. 百度百科 .

[8] 人工神经网络 [EB/OL]. 百度百科 .

[9] 记忆分类 [EB/OL]. 百度百科 .

[10] 陈述性记忆 , 程序性记忆 [EB/OL]. 百度百科 .

[11] 程序性记忆 [EB/OL]. 百度百科 .

[12] 健忘的传奇 [EB/OL]. 百度文库 .

[13] 感觉 [EB/OL]. 百度百科 .

[14] 瞳孔反射 [EB/OL]. 百度百科 .

［15］ 艾什比 . 大脑设计 [M]. 乐秀成 , 朱熹豪 等 , 译 . 北京 : 商务印书馆 :67–69,119.

［16］ 植物水分关系 [EB/OL]. 百度百科 .

［17］ 情感计算 [EB/OL]. 百度百科 .

［18］ Stratton,George M. Vision without inversion of the retinal image[J]. Psychological Review. Vol 4(4)，Jul 1897，341–360.

［19］ 决定论 [EB/OL]. 百度百科 .

［20］ 不确定性原理 [EB/OL]. 百度百科 .

［21］ 物质波、概率波 [EB/OL]. 百度百科 .

［22］ 电子双缝干涉实验 [EB/OL]. 百度百科 .

［23］ 以太 [EB/OL]. 百度百科 .

［24］ 迈克尔逊—莫雷实验 [EB/OL]. 百度百科 .

［25］ 广义相对论 [EB/OL]. 百度百科 .

［26］ 钱凤仪 . 相互作用原理 [M]. 长春 : 吉林科学技术出版社，1999: 133–134，158–159.

［27］ 钱凤仪 . 物体自由下落与万有引力常数 [J]. 吉林工学院学报，2001， 12(4).

［28］ 黑洞 [EB/OL]. 百度百科 .

学者简介

①梁冰：沈阳龙天科技有限公司 CEO。龙天科技是一家创新型软件公司，致力于面向对象的数据库存储、知识图谱、本体及语义网络、深度学习、工作流、新一代搜索引擎、逻辑推理及问答系统的设计与研发。梁冰首创理解式的自然语言处理方法，是对传统自然语言处理方法的一种突破。

② 仇德辉：毕业于第二炮兵工程学院动力机械专业，研究生阶段从事火箭发动机方向的研究。著有《统一价值论》与《数理情感学》两部学术专著。

③ 钱凤仪：原中国科学院长春地理研究所研究员，曾任吉林大学电子信息学院兼职教授。自 1984 年开始从事对理论物理方面的研究并做出了开创性的工作，著有《相互作用原理》一书。1999 年后又展开对东西方哲学的研究并发表了系列哲学专著。

④ 张江：集智俱乐部创始人，原中国科学院数学与系统科学研究院博士后，现任北京师范大学系统科学学院教授。集智俱乐部是一个从事学术研究、享受科学乐趣的科研爱好者社群，倡导跨学科的研究与交流，力图搭建一个没有围墙的研究所。

⑤ 尤亦庄：原清华大学凝聚态物理学博士，后就读于加州大学圣塔芭芭拉分校物理系博士后，现哈佛大学物理系博士后。集智俱乐部的科学家之一。